EMOTIONALE INTELLIGENZ

Die Macht der Emotionen & Gefühle

Wie Sie mit Hilfe von Empathie und Psychologie Menschen lesen, Gefühle beeinflussen, Gelassenheit lernen und mehr Glück & Erfolg erlangen

INHALT

Die Macht "Emotionaler Intelligenz"

Was ist das? Emotionale Intelligenz? Was kann ich mir darunter vorstellen und damit anfangen? Ich denke, für das Erste ist es einfacher, zu sagen, was emotionale Intelligenz nicht ist bzw. was es bedeutet, eine geringe emotionale Intelligenz zu besitzen. Hierzu ein Beispiel: Kennen Sie Sheldon Cooper aus "The Big Bang Theorie" oder sein Vorbild Commander Spock von "Star Trek"? Wenn ja, wissen Sie, was es bedeutet, eine geringe emotionale Intelligenz zu besitzen. Dies äußert sich vor allem durch einen Mangel an Empathie und die mangelnde Fähigkeit, seine eigenen Gefühle, wie auch die Gefühle von anderen, wahrzunehmen und damit umzugehen. Zum Beispiel versteht Sheldon nicht, wann es für jemanden beleidigend ist, was er sagt oder wie er jemanden in Verlegenheit bringt mit dem, was er sagt. Dennoch ist er Doktor der Physik und besitzt einen sehr hohen IQ. Hierbei können wir gleich festhalten, dass die emotionale Intelligenz, die EQ, nicht von einem hohen IQ abhängt. Menschen mit einem hohen IQ können auch eine geringe emotionale Intelligenz haben und umgekehrt.

Dies ist bloß ein extremes Beispiel für eine geringe emotionale Intelligenz. Auf der anderen Seite – nehmen wir auch hier jemanden aus einer Serie – Patrick Jane von "The Mentalist". Mit seinen Fähigkeiten, sich in Menschen hineinzuversetzen und ihre Gefühle zu lesen, ist es ihm möglich, die Täter zu entlarven bzw. ihnen auf die Schliche zu kommen, weil er weiß, wie sie denken. Dafür muss er auch sehr gut seine eigenen Gefühle kennen, um überhaupt erst zu wissen, was diese Emotion mit ihm selbst macht. Da er seine Frau und seine Tochter verloren hat, wird er immer wieder mit seiner Vergangenheit konfrontiert. Doch er beweist Maß und hat sich und seine Gefühle im Griff. Jane besitzt eine so ausgeprägte emotionale Intelligenz, dass es wieder negativ werden kann, da er die Möglichkeit besitzt, mit dieser perfektionierten Fähigkeit Menschen nach seinem Willen zu manipulieren (was er auch regelmäßig macht).

Nun, das waren zwei Extrema, die Ihnen zeigen, was es bedeutet, keine emotionale Intelligenz zu haben oder ein Meister auf dem Gebiet zu sein. Wir können emotionale Intelligenz also als diejenige Fähigkeit bezeichnen, die Sie sowohl Ihre eigenen Gefühle erkennen lässt und diese verwaltet – d.h. sie in einer angemessenen Intensität zulässt – als auch die Gefühle anderer Menschen erkennt, einordnet und Sie darauf eingehen lässt, damit Sie eine gute oder auch zielführende private oder geschäftliche Beziehung aufbauen und manifestieren können.

Bildlich gesprochen hilft Ihnen eine hohe emotionale Intelligenz, zum Beispiel, wenn Sie wütend sind, folgendermaßen: zum einen erkennen Sie, dass Sie wütend sind; frühzeitig. Und schließlich können Sie damit umgehen und Ihre Wut steuern. Sie merken, dass Sie wütend sind und erkennen den Grund, dieser könnte beispielsweise eine Tätigkeit oder Äußerung Ihres Kollegen sein. Früher hätten Sie ihn angebrüllt und ihn persönlich beleidigt. Jetzt wissen Sie, dass er sich nicht besser auszudrücken weiß, und dass Ihre Gefühle fehl am Platz sind, um eine Problemlösung zu finden. Also besinnen Sie sich auf die eigentliche Tatsache, wodurch Sie das Problem lösen und sich auch das Verhältnis zu Ihrem Kollegen verbessert. Klingt das nicht gut? Oder sogar zu schön, um wahr zu sein?

Das beste an der Geschichte ist: emotionale Intelligenz können Sie erlernen. Es ist eine Fähigkeit, die Sie trainieren können und dabei werde ich Ihnen hier mit diesem Buch Schritt für Schritt helfen. Sie werden sich bereits beim Lesen vorstellen können, zu welch einer hervorragenden Person Sie sich mit dieser Fähigkeit weiterentwickeln. Sie werden mit sich zufriedener sein, selbstbewusster und reflektierter. Gefühle, die Sie unterdrücken oder nicht loswerden können, haben auch gesundheitliche Auswirkungen auf den Körper. Sie werden sich schließlich davon befreien und ein neues Selbst entdecken, mit dem Sie in Einklang leben können. Körper, Geist und Seele – heißt es so schön – werden in Harmonie sein und das werden Sie auch ausstrahlen, sobald Sie gelernt haben, sich selbst mit Ihren Stärken und Schwächen, Ihren positiven und auch negativen Gefühlen zu akzeptieren. Darüber hinaus können Sie Ihre zwischenmenschlichen Beziehungen auf eine neue Stufe stellen und frischen Wind in Ihr Berufsleben bringen.

Womöglich erwartet Sie eine Beförderung und/ oder ein freundlicheres und vertraulicheres Arbeitsklima. Die emotionale Intelligenz wird Sie auf jeden Fall weiterbringen. Aber! Und das ist ein Appell an Ihre Ungeduld, eine neue Fähigkeit erlernt man nicht über eine Nacht. Sie werden bestimmt nicht bei null anfangen und einige Aspekte können Sie womöglich sofort umsetzten und diese versprechen auch direkten Erfolg. Dann nehmen Sie diese kleinen Erfolge als Motivation mit. Wiederholen und üben Sie immer wieder die Methoden, die hier aufgeführt werden, um emotional intelligenter zu werden, damit Sie es verinnerlichen. Lebenslanges Lernen und Weiterentwickeln lässt Ihr Leben nie langweilig und Ihr Gehirn nie langsamer werden.

Sehen Sie es als erste Lektion: Sowohl ein Ziel mit Ausdauer zu verfolgen als auch Misserfolge zu verkraften, sind Zeichen von emotionaler Intelligenz. (Wurzer, 5 Auflage 2012) Behalten Sie das im Hinterkopf und wenn eine schwere Zeit kommt, sagen Sie sich: "Wenn ich hier weitermache, wieder aufstehe und den Kopf meinem Ziel folgend, emotional intelligenter zu werden, hebe, dann habe ich mit jeder Minute meine emotionale Intelligenz verbessert!" Ich wünsche Ihnen viel Spaß beim Lesen und ausprobieren dieses Buches.

DER AUFSTIEG ZUM GROSSMEISTER

Sie kennen bestimmt die verschiedenen Meistergrade und Fähigkeitsstufen aus dem Bereich des Kampfsports bzw. der Kampfkunst. Das können Gürtelfarben sein, wie beim Judo und weitere "Abzeichen", sogenannte Dans. Es sind Stufen, die die Schüler erklimmen und so Zeigen auf welchem Niveau sie sich befinden. Stellen Sie sich Ihre Reise so vor. Stufe für Stufe meistern Sie neue Fähigkeiten, die Sie auf die nächsten Herausforderungen – die nächste Fähigkeit, die Sie sich aneignen werden – vorbereiten. Schließlich haben Sie alle Stufen bestiegen und stehen oben mit Ihrem schwarzen Gürtel der emotionalen Intelligenz und sind Meister darin. Doch der Meister weiß: wenn er Großmeister werden will, muss er weiter üben. Hier werden die einzelnen Stufen für Sie vorgestellt - auf die erste Stufe, werden Sie sich bald stellen.

Bevor Daniel Goleman 1997 mit seinem Buch "EQ-Emotionale Intelligenz" das Wort bzw. den Begriff der emotionalen Intelligenz prägen konnte, wurde diese Fähigkeit auch gerne als "soziale Intelligenz" oder auch "personelle Intelligenz" bezeichnet. Daraus geht auf jeden Fall hervor, dass es sich um eine zwischenmenschliche, aber auch auf sich selbst bezogene Intelligenz handelt. Da sich im zwanzigsten Jahrhundert herausstellte, dass der IQ nicht linear zum Erfolg stand, kamen Psychologen zu dem Schluss, es muss noch eine andere Fähigkeit geben, die beruflichen Erfolg bestimmt, als den IQ, der sich ausschließlich auf das rationale Denken bzw. im Fachjargon auf die "kognitive Rationalität" bezieht (Wurzer, 5 Auflage 2012). Denn, desto weiter sich Menschen von einem akademischen Arbeitsumfeld entfernen, d.h. von schulischen Einrichtungen, desto weniger ausschlaggebend ist der IQ für eine Führungsposition (Goleman, 29. Auflage 2019). Dies bedeutet nicht, dass der IQ nicht wichtig für eine erfolgreiche Laufbahn ist. Er ist jedoch nicht das einzige Kriterium, das Sie an die Spitze bringt.

Von diesem Standpunkt aus entwickelte Howard Gardner, Professor an der Harvard School of Education, die Theorie der "multiplen Intelligenzen". Diese beschreiben (in der ersten Veröffentlichung) sieben unterschiedliche Intelligenzen, die Personen besitzen können. Darunter Intelligenzen wie die logisch-mathematische, musikalisch-rhythmische und auch die interpersonale und intrapersonale Intelligenz. Gardner definiert sie wie folgt: „Interpersonale Intelligenz ist die Fähigkeit, andere Menschen zu verstehen: was sie motiviert, wie sie arbeiten, wie man kooperativ mit ihnen zusammenarbeiten kann. [...] Intrapersonale Intelligenz [...] ist die entsprechende, nach innen gerichtete Fähigkeit. Sie besteht darin, ein zutreffendes, wahrheitsgemäßes Modell von sich selbst zu bilden und mit Hilfe dieses Modells erfolgreich im Leben aufzutreten" (Goleman, 29. Auflage 2019).

Diese beiden Intelligenzen können als Säulen der emotionalen Intelligenz angesehen werden. Es ergibt sich also der Bereich innerhalb der emotionalen Intelligenz, der sich um Sie und Ihre eigenen Gefühle dreht. Es ist die Grundlage der emotionalen Intelligenz, zuerst sich selbst kennenzulernen und zu lernen, Ihre Gefühle zu beherrschen und zu lenken. Sie sollten in der Lage sein, Ihre Gefühle dazu zu nutzen, sich selbst zu motivieren und höhere Ziele zu erreichen. Für Goleman besteht die emotionale Intelligenz aus Bereichen. Diese Bereiche sind schrittweise gegliedert und bauen aufeinander auf. Es ergibt sich also ein Treppenmodel bei dem Sie Stufe um Stufe wachsen, aber auch Stufe um Stufe gehen müssen.

Die ersten drei Stufen beziehen sich demnach auf Sie selbst (intrapersonell): 1. Die eigenen Emotionen kennen – die Selbstwahrnehmung. 2. Emotionen handhaben – in modernen Aspekten gerne auch als Selbstregulierung (Irina Bosley, 2018) bezeichnet. 3. Emotionen in die Tat umsetzten (Goleman, 29. Auflage 2019). In der Personalführung wird die zweite und dritte Stufe gerne auch als "Selbstmanagement" zusammengefasst (Gölzner, et al., 2018). Die Basis von allem bildet also die Selbstwahrnehmung. Das Bewusstwerden, Fühlen und Erleben der eigenen Emotionen.

Es erscheint logisch, erst seine eigenen Emotionen zu verstehen und zu handhaben, bevor Sie anfangen, andere Menschen zu verstehen (Empathie) und Ihre Gefühle zu beeinflussen. Die interpersonelle Ebene, d.h.

die zwischenmenschliche Ebene, setzt sich schließlich mit zwei weiteren Stufen fort. Stufe 4, die der Empathie und Stufe 5, der Umgang mit Beziehungen oder auch Beziehungsmanagement (Gölzner, et al., 2018). Nachdem Sie in Stufe 1 selbst erfahren haben, wie sich Gefühle anfühlen, haben Sie auch die Fähigkeit entwickelt, gezielt Ihre Empathie zu verbessern und weiterzuentwickeln. Sie können sich nun besser in andere Personen hineinversetzen und nachvollziehen, oder an ihrer nonverbalen Kommunikation ablesen, wie sie sich fühlen.

Darauf können Sie Ihr Beziehungsmanagement aufbauen und Ihre Beziehungen gezielt verbessern. Ich möchte hier die Notwendigkeit betonen, diese Fähigkeit nicht zu missbrauchen und auch nicht als solche im Sinne einer Manipulation zu verstehen. Es geht darum, Ihre Kommunikation und Ihren Umgang mit Menschen so zu steuern, dass Konfliktsituationen vermieden werden können und vertrauensbasierte Beziehungen zustande kommen. Dies ist nur möglich, wenn Sie andere Menschen gut einschätzen können, wodurch Sie beispielsweise Situationen schaffen, bei denen sich Ihr Gesprächspartner wohl fühlt und somit kooperativ zeigt. Dies kann besonders sinnvoll sein, wenn Sie Menschen führen müssen und Ziele in einer angenehmeren und motivierteren Atmosphäre erreichen möchten.

Mit dem Erklimmen der fünf Stufen haben Sie den oberen Meistergrad erreicht. Im Praxiskapitel, indem auch auf die einzelnen Stufen eingegangen wird, sodass Sie einen Einblick erhalten, was sich hinter den Begriffen verbirgt, werden Sie Methoden an die Hand bekommen, mit denen Sie Ihre Stufen meistern können.

Zuvor möchte Ich Ihnen jedoch noch einen Einblick in die Welt der Emotionen liefern, der Ihnen zeigt, was Ihr Handwerkszeug sein wird. Sie werden erkennen, wofür Emotionen gut sind und woher Sie kommen. Ich halte dies für ein wichtiges Wissen, wodurch es Ihnen leichter fallen wird, Ihre Emotionen zu erkennen und vor allem zu beherrschen. Stellen Sie es sich so vor: Sie wohnen in einem einstöckigen Haus. Im

Erdgeschoss ärgern Sie sich, dass Wasser durch eine Ritze von oben herabtropft. Sie wischen es auf. Es tropft weiter. Sie nageln ein Brett vor die Ritze. Schließlich tropft es durch eine andere Ritze usw. irgendwann kommen Sie auf die Idee, nach oben zu gehen und zu sehen, wo das Wasser herkommt und merken, dass das Dachfenster offen ist und das bei Regen. Wenn Sie den Auslöser, sprich die eigentliche Ursache kennen und das "Problem" an der Wurzel packen können, lässt es sich leichter lösen bzw. im übertragenen Sinn, Ihre Gefühle leichter verstehen und somit kontrollieren.

Wahre Meisterschaft und Zufriedenheit erlangen Sie allerdings genau dann, wenn Ihr Körper, Ihre Seele und Ihr Geist im Einklang stehen. Daher ist es nicht die Idee, Emotionen zu unterdrücken, sie zu ignorieren oder für immer von sich zu verbannen. Die Idee ist, dass Sie lernen, sie angemessen zuzulassen und auch auf sie zu hören. Sie können Seele auch mit Herz übersetzen oder dem tiefen Impuls, den Sie verspüren, wenn Sie eine wichtige Entscheidung im Leben treffen und Verantwortung übernehmen müssen. "Sich von seinem Herzen leiten lassen", heißt es so schön.

Nachdem Sie lernen, Ihren Emotionen auf den Grund zu gehen, lernen Sie auch, dass es wichtig ist, Sie in Entscheidungen miteinzubeziehen. Nur dann werden Ihr Herz und Ihr Geist im Einklang sein und Sie werden glücklich. Die Kunst, und damit meine ich die "wahre Meisterschaft", ist es, sowohl Ihre Emotionen als auch Ihren Verstand angemessen einzusetzen und eine Harmonie zu finden, mit der Sie sich wohl fühlen. Nehmen Sie aus beidem, Vernunft und Emotion, das Beste heraus und schließen Sie es für sich zusammen.

Emotionen

Kennen Sie das, wenn die Gefühle in Ihnen beginnen mächtiger zu werden, weil es die Situation provoziert? Sie drängen diese Gefühle mit Argumenten zurück, um sich nicht von Ihnen übernehmen zulassen. Doch die Situation bleibt bestehen und so werden immer mehr emotionale Impulse gegen Ihren Vernunftschild geworfen. Schließlich bricht er und die angestaute Emotion übernimmt das Kommando. Sie handeln instinktgesteuert. Die Vernunft ist ausgeschalten und Ihr Körper reagiert nach einem Impuls, den er für angemessen erachtet.

Ist Ihnen das schon einmal passiert? Zumindest können Sie sich dunkel an eine ähnliche Situation erinnern. Und lassen Sie sich sagen, vor einigen tausend oder sogar Millionen Jahren, war dies der einzige Impuls, dem wir gefolgt sind. Die einzige Quelle, die eine Handlung in uns ausgelöst hat. Es waren Mechanismen, die unser Leben gerettet haben und darauf bedacht waren, unseren Selbsterhaltungstrieb am besten zu schützen.

DIE EVOLUTION DES GEHIRNS

Bevor sich unser Neokortex gebildet hat und wir zu den "vernunftbegabten", denkenden Wesen wurden, die wir heute sind, hat er sich aus einem frühen primitiven Teil unseres Gehirns erst entwickeln müssen. Nach wie vor ist dieser erste primitive Teil in unserem Gehirn vorhanden und bildet mittlerweile nur noch ein Areal zwischen vielen anderen. Diesen Teil des Gehirns haben die Menschen aber mit allen anderen Arten des Tierreichs gemeinsam, die über ein moderat entwickeltes Nervensystem verfügen (Goleman, 29. Auflage 2019). Es handelt sich um das obere Ende unseres Rückenmarks, dem Hirnstamm bzw. auch als unser Stammhirn bezeichnet. Es reguliert Körperfunktionen ohne, dass wir darüber nachdenken müssen. Es ist verantwortlich für unseren Herzschlag, den Atemreflex und weitere unwillkürliche Reaktionen, die als Automatismen und oft auch als Schutzmechanismen ablaufen. Dieser Teil des Hirns hat keine denkende oder lernende Funktion. Es folgt bzw. löst Impulse aus, die die Evolution im Sinne des Überlebens gespeichert hat. Reptilien leben mit solch einem Gehirn.

In der weiteren Evolution entstanden ein visueller Hirnlappen und der olfaktorische Lappen, der riechende. Der Geruchssinn war besonders ausgeprägt, da über viele verschiedene Gerüche kommuniziert werden konnte. Erinnern Sie sich an einen Hund, der an einen Baum "markiert". Der Urin enthält Duftstoffe, der anderen Hunden (bzw. Tieren) mitteilt, welches Tier hier in der Nähe ist. Anhand dessen kann "errochen" werden, ob es ein weiblicher oder männlicher Hund ist; ob er paarungsbereit ist und vieles mehr. Genauso verhält es sich auch mit anderen Botenstoffen, die Tiere absondern und die schließlich als Geruch und gleichzeitig Informationsträger wahrgenommen werden können. Hieraus – aus dem Geruchsareal des Gehirns - entwickelt sich schließlich das Emotionszentrum und im weiteren Sinne unser limbisches System. Davon haben Sie bestimmt schon einmal gehört. (Jetzt macht auch der Begriff Angstschweiß einen Sinn, finden Sie nicht? Es ist ein Schweiß, der andere unsere Emotion "Angst" riechen lässt.)

Das limbische System unterdessen ist unsere Quelle der Emotionen und ein großer Vorteil gegenüber dem Hirnstamm war bzw. ist, dass das limbische System im Stande ist, Dinge zu lernen und diese Information zu speichern (Goleman, 29. Auflage 2019). Dadurch wurde es möglich, Gerüche mit verschiedenen Erfahrungen und Umweltfaktoren zu verknüpfen und sich zu merken, wenn eine bestimmte Futterquelle ungenießbar war, so wurde sie nicht wieder aufgesucht. Weiterhin entwickelte sich aus den bisherigen "Gehirnbausteinen", die auch als Kortex bezeichnet werden, der Neokortex, der bei Menschen spezifisch ausgeprägt ist und uns somit durch all seine Eigenschaften zu unserem "typisch Menschsein" werden lässt. Goleman beschreibt den Neokortex als den „Sitz des Denkens" uns weiterhin: „er enthält die Zentren, die all das, was die Sinne wahrnehmen, zusammenfügen und begreifen, und ein Gefühl, um all das bereichert, was wir darüber denken, [...]." (Goleman, 29. Auflage 2019)(S. 29). Der Neokortex ermöglicht es uns, in die Zukunft zu planen und Strategien zu entwickeln.

Währenddessen sind Emotionen (im Gegensatz zu unserem Verstand) vor allem für unmittelbare Reaktionen geschaffen, die den Augenblick betreffen und sich danach wieder ändern können. Es ist ein Gegensatz, wie impulsiv/ spontan und kühl/ planend. Sie erinnern sich an den Apell, aus beidem das Beste zu wählen und angemessen für sich zu nutzen, um wirklich zufrieden zu sein. Genau dies ist gemeint: nutzen Sie ein Stück weit Ihre Emotionen und zum anderen Teil Ihren Verstand. Zusammen ergeben sie das rechte Maß. Aber zurück zu unserem Neokortex. Da zwischen dem Neokortex und dem limbischen System auch eine sehr dichte und aus vielen Neuronen bestehende Verbindung vorliegt, ist es dem neuen Teil des Gehirns möglich, Gefühle in das rationale und strategische Denken aufzunehmen und wahrgenommenes mit Emotionen zu verknüpfen.

Erst durch diese Verbindung kann beispielsweise eine Mutter – Kind – Beziehung zu Stande kommen. Die Mutter weiß, dass es ihr Kind ist und ihr ist bewusst, dass sie es liebt. Für uns klingt dies ganz logisch, sein Kind zu lieben. Wenn Sie jedoch in das Tierreich blicken, werden Sie feststellen, dass eine solch mütterliche Beziehung nicht immer der Fall ist. Teilweise müssen sich die Neugeborenen vor ihrer Mutter in Acht nehmen, um nicht als Beute zu enden. Primaten und höher entwickelte Säugetiere haben diesbezüglich die Fähigkeit entwickelt, zu differenzieren. Wir als Menschen denken nunmehr über Handlungen nach, wobei auch Gefühle miteinbezogen werden, wie in etwa Mitgefühl. Außerdem ist der Homo Sapiens dazu im Stande, darüber nachzudenken, wie er sich fühlt und wie es sich anfühlt, so zu fühlen. Sie merken, hier beginnt das komplexe Denken der Menschheit. Im Prinzip ist es durch den Neokortex möglich, so zu denken, wie Sie jetzt denken. „Lecker, so ein Burger! Ich sollte ihn aber lieber nicht essen, weil dann fühle ich mich dick oder werde es sogar, wodurch ich mir dann in Zukunft unattraktiv vorkommen werde … etc." Sie kennen das bestimmt genauso gut wie ich; das ständige Gedankenringen.

Interessant ist jetzt allerdings noch der Fakt, dass bestimmte Gefühlsreaktionen auf Umweltsituationen gespeichert werden. Wenn diese Reaktion hilfreich für das Überleben war, kann das Verhaltensmuster bzw. die Reaktion vererbt werden. Überlegen Sie, welche Bedeutung das heutzutage hat und womöglich die ein oder andere Reaktion erklärt? Eine detaillierte Antwort finden Sie im nächsten Kapitel.

DAS EINSATZGEBIET DER EMOTIONEN

Wann kommen unsere Emotionen also aktiv zum Einsatz und was können sie bewirken? Wenn Sie die Emotionen etwas oberflächlich betrachten, könnten Sie zu dem Schluss kommen: "Eigentlich machen sie doch, was sie wollen; sie sind immer mit dabei, aber liegen auch immer irgendwie auf der faulen Haut. Das anstrengende Denken muss schließlich ich übernehmen!". Tatsächlich kommt den Emotionen eine sehr wichtige Rolle zu, die sich besonders dann bemerkbar macht, wenn sie nicht erfüllt wird und Ihr Alltag im Chaos endet. Aber, alles der Reihe nach…

Der Begriff "Emotion" selbst leitet sich aus dem Lateinischen ab. "Emovere" bedeutet übersetzt: herausbewegen, auslösen. Damit ist gemeint, dass eine Emotion eine Handlung auslöst und hervorbringt. Sie sind dementsprechend ein Impuls, der durch einen äußeren Reiz, wie zum Beispiel das Kläffen eines Hundes oder aber auch durch einen inneren Reiz, sprich ein Gedanke über etwas, wenn Sie zum Beispiel über die

Vergänglichkeit nachdenken, ausgelöst wird. Emotionen erfüllen vor allem den Zweck " [...] manchmal in Bruchteilen von Sekunden –, Situationen und Menschen einzuschätzen. Sie mobilisieren im Körper die nötige Energie für die Bewältigung schwieriger Situationen und geben Handlungsimpulse" (Kanitz, 2015). Ein Handlungsimpuls, der durch Emotionen hervorgerufen wird, erfolgt schneller, als die Einschätzung der Situation durch den Neokortex. Das Gehirn bzw. der Körper folgt der Divise: erst Handeln, dann Denken, insofern eine Situation als Bedrohung der Existenz eingestuft wird.

Dieser Mechanismus ist vor allem dann sinnvoll, wenn tatsächlich eine lebensbedrohliche Lage vorliegt. Angenommen ein Blumentopf stürzt von einem Balkon auf Sie herab und Sie sehen ihn nur wenige Meter von Ihnen entfernt. Ein Impuls wird Sie "fliehen", also zur Seite springen, lassen, bevor der Blumentopf mit Ihnen detoniert. Hierbei ist es nicht "sinnvoll" erst darüber nachzudenken, welche Handlungsmöglichkeiten bestehen und sich dann für eine zu entscheiden.

Über die Notwendigkeit einer Handlung entscheidet das Gehirn an Hand Ihrer bisherigen Erlebnisse und Erfahrungen. Wenn jemand einen Football nach Ihnen wirft, werden Sie im ersten Moment ausweichen. Da Sie aber Footballer werden wollen, trainieren Sie und werden den Ball künftig fangen, um den nächsten Touch Down zu machen.

Sie begeben sich also aktiv in die Konfrontation mit dem Ball und lernen, keine Angst davor zu haben. Das speichert das Gehirn ab und bewertet die Situation nicht mehr als bedrohlich. Somit weichen Sie dem Ball nicht mehr aus, sondern fangen ihn im Laufen und beanspruchen eher die Fähigkeiten des Neokortex, der einen Plan entwickeln soll, mit dem Sie durch die Defensive des Gegners dringen können. (Böse Zungen behaupten, dass diese Fähigkeit bei großen und starken Footballspielern nur eingeschränkt vorhanden ist. Allerdings ist dies wieder eine andere Baustelle). Wir halten fest: Durch die Wahrnehmung und Bewertung einer Situation, bei der vor allem die bisher gesammelten Erfahrungen und Erinnerungen eine entscheidende Rolle spielen, entscheidet Ihr Nervensystem die Dringlichkeit einer Handlung. Diese kann als "emotionale Impulshandlung" oder "logische Neokortex – Handlung", je nach existentieller Bedrohlichkeit der Lage, erfolgen. Sie sehen, dass es möglich ist, emotionale Impulse zu trainieren und somit auch emotional intelligenter zu werden.

Da es sich jedoch nicht um Situationen handelt, bei denen Bälle durch die Luft fliegen, sondern um zwischenmenschliche Szenarien, möchte ich das Augenmerk darauf legen. Im zwischenmenschlichen Bereich erleben sowohl Sie als auch Ich immer wieder Situationen, in denen – wie wir jetzt wissen – unser limbisches System die Kontrolle übernimmt und eine Situation als bedrohlich einschätzt. Nun denken Sie sich womöglich, auf welche Erfahrungen zurückgegriffen wird, wenn Sie mit einem Wutanfall, Weinkrampf oder Abschirmung reagieren? Denn, obwohl Sie sich nicht daran erinnern können, jemals eine so bedrohliche zwischenmenschliche Erfahrung gemacht zu haben, dass eine emotionale Intervention nötig wird, hat Ihr emotionales Gedächtnis andere Fakten als Sie. Dies liegt daran, dass das emotionale Gedächtnis immer unterbewusst aktiv das Geschehen, an dem Sie beteiligt sind - seit Ihrer Geburt - miterlebt.

So kann es sein, dass es in Ihrer Kindheit eine Situation gab, in der Ihre Emotionen Alarm geschlagen haben. Für Ihr kindliches Ich war diese Erfahrung, zum Beispiel das Gefühl nicht angenommen zu werden und keine Aufmerksamkeit zu bekommen, eine sehr prägende Erfahrung.

Ihr Neokortex war damals noch nicht in der Lage, die Situation zu reflektieren; und somit hat sich diese äußerst negative Erfahrung in Ihr Unterbewusstsein bzw. in Ihr emotionales Gedächtnis eingeprägt. Hier kann die Ursache dafür darin liegen, dass Sie mit Ihrem Partner/ Ihrer Partnerin darüber streiten, dass Sie schon wieder Ihren Lieblingspudding beim Einkaufen vergessen hat. Sie mögen vielleicht lachen, aber es kann doch so banal sein. Hieran werden Sie auch auf der ersten Stufe arbeiten. Sie werden ergründen, wieso es Sie wütend macht, dass dieser besagte Lieblingspudding vergessen wurde und womöglich feststellen, dass Sie eigentlich gekränkt sind und tief innerlich verletzt, weil es Ihnen "eigentlich" das Gefühl gibt nicht wichtig zu sein bzw. vernachlässigt zu werden. Natürlich lässt sich nicht sagen, dass sich wegen eines solchen Erlebnisses in der Kindheit, auch eine solche emotionale Verletzung manifestiert. Es kann sein, dass Sie öfters schon in Ihrem Leben diese Erfahrungen gemacht haben. Es kann aber auch sein, dass eine Situation als so schlimm empfunden wurde, dass Sie sich bereits festgesetzt hat.

Schließlich wird Ihr Gehirn immer wieder auf einen bestimmten Reiz mit einer festgelegten (determinierten) Reaktion antworten. Es hat gelernt, so zu reagieren. Dies kann eine neutrale Reaktion sein, aber auch eine emotionale Reaktion, je nachdem, wie Ihre Erinnerungen verknüpft sind.

Neben den selbst gesammelten Erfahrungen schließen sich noch genetische "Erfahrungen" an das Reaktionsmuster mit an. Unsere Vorfahren haben gelernt bzw. erlebt, dass Raubtiere, Spinnen oder Schlangen eine Bedrohung für unser Leben darstellen (können). Daher ist im Laufe der Evolution ein genetisches Muster entstanden, das weitervererbt wird. Somit haben auch Sie und ich einen natürlichen "Respekt" vor eben diesen Tieren und sind besonders aufmerksam, wenn sich eine Spinne im Zimmer befindet oder eine Schlange durch den Garten kriecht.

Entscheidungsträger Emotion

Der Neurowissenschaftler Antonio Damasio erforschte die Vernunft und das rationale Denken. In seinem Buch: Zur Rolle der Emotionen im rationalen Denken, kommt er zu dem Schluss, dass die Emotionen einen wichtigen Beitrag zum rationalen Denken liefern. Es war nämlich aufgefallen, dass Menschen nicht mehr in der Lage waren, rationale Entscheidungen zu fällen, insofern eine neurale Brücke zwischen dem Neocortex und dem Mandelkern (Teil des limbischen Systems) beschädigt war. Goleman schreibt: „Ihr Verstand ist unversehrt, aber Ihre Fähigkeit, persönliche Entscheidungen zu treffen, ist beeinträchtigt“ (Goleman, 29. Auflage 2019)(S. 48). Bei dieser Verknüpfung handelt es sich demnach um eine wichtige Verbindungsstelle, bei der Emotionen und Logik, sprich der Verstand, aufeinandertreffen und zusammenarbeiten.

Dies erwägt Antonio Damasio zu der Schlussfolgerung, dass „sich das rationale Denken nicht nur auf den Neokortex, das denkende Gehirn, sondern auch auf ältere Hirnbereiche wie [sic] den Mandelkern und andere, mit ihm verbundene tiefere Regionen [bezieht]. Wahre Rationalität entsteht erst aus der Abstimmung beider.“ (Emotionen und Verstand) (Goleman, 29. Auflage 2019).

Dies bedeutet, dass Sie Ihre vernünftigen Entscheidungen immer auf Basis Ihrer Emotionen fällen. Bei den untersuchten Personen, bei denen diese Fähigkeit durch die Beschädigung der Areale im Gehirn eingeschränkt oder nicht mehr vorhanden war, konnten keine Entscheidungen mehr getroffen werden, da der Einfluss von Neigungen fehlte. Die Neigungen beruhen auf der Sammlung der gespeicherten emotionalen Erfahrungen, wodurch die Entscheidungsmöglichkeiten für den Verstand eingeschränkt werden. Wenn Sie folglich überlegen, wohin Sie in den Urlaub fahren, gibt Ihnen der Verstand verschiedene Möglichkeiten, wie Frankreich oder Italien, weil Sie dort bereits waren und positive Erfahrungen gesammelt haben, was wiederum zu einer positiven Neigung führt. Rein "rational“ gesehen hätten Sie die Möglichkeit, in jedes nur erdenkliche Dörfchen auf der Welt in den Urlaub zu fahren. Ihre Emotionen grenzen jedoch diese unzählbare Vielfalt an Urlaubsorten auf Frankreich und Italien ein. Nun übernimmt der Neocortex weitere Denkaufgaben.

Während die Emotionen unser rationales Denken beeinflussen, findet dieser Prozess auch umgekehrt statt. Wir haben nämlich auch die Möglichkeit, über unsere Emotionen nachzudenken und sie zu beeinflussen. Auf "neurologisch" bedeutet das also, dass der Neocortex auch an den Mandelkern neurale Reize senden kann. Dies ergibt Sinn, wenn Sie überlegen, dass Sie mit einfachen Gedanken über bestimmte Erlebnisse oder Situationen oder mit Gedanken über Gefühle, eine Emotion auslösen können bzw. sich selbst in eine andere emotionale Stimmung versetzten können. Wenn der Tag grau und trübsinnig ist, aber Sie sich vorstellen, wie viel Spaß und Sonne Sie beim letzten Strandurlaub hatten oder haben werden, werden Sie fröhlicher sein als zuvor, indem Sie bewusst eine Emotion herbei "gedacht" haben. Sie können aber denken wie traurig Sie sind und finden das selbst traurig, wodurch Sie sich selbst in eine noch traurigere Stimmung versetzen bzw. "denken".

Diesen Mechanismus - durch Nachdenken, also den Gebrauch und die gezielte Rückkopplung zum limbischen System und unseren Emotionen mit unserem Verstand/Neocortex und seinen Gedanken – können Sie sich zu Nutze machen, um emotional intelligenter zu werden, indem Sie aktiv Ihre Gefühle erkennen und darüber nachdenken, was Ihnen helfen wird, Sie zu kontrollieren und somit auch zu steuern. "Sie können [allerdings] nicht verhindern, dass ein Reiz Emotionen bei Ihnen auslöst. Dieser Vorgang ist automatisiert. Die Wahrnehmung dieses Gefühls und die gedankliche Weiterverarbeitung haben jedoch entscheidenden Einfluss auf die weitere Entwicklung dieses Prozesses." (Kanitz, 2015)

DIE MEUTEREI DER EMOTIONEN

„Kapitän, die Emotionen übernehmen das Schiff!“ Das war vielleicht der letzte Gedanke, an den Sie sich noch erinnern konnten, bevor Sie vor Wut an die Decke gesprungen oder panisch aus dem Zimmer gestürmt sind.

Den Emotionen wohnt deshalb eine so große Macht inne, weil die neueren und höher entwickelten Gehirnzentren, die sich aus den limbischen Systemen gebildet haben, mit diesen mehrfach verknüpft sind.

Diese "Schaltstelle" kann also auf alle anderen Gehirnzentren einwirken und sie vorübergehend "außer Gefecht" setzten. Die zentrale Bedeutung bei einer solchen "Meuterei" hat der Mandelkern (ein Teil des limbischen Systems) inne, der ständig aktiv ist und "[...] jede [der] Erfahrung, jede Situation, jede Wahrnehmung kritisch prüft [...]" (Goleman, 29. Auflage 2019)(S.34), wie Sie es bereits in dem vorangegangen Kapitel erfahren haben. Sobald sich dann ein Erleben einstellt, das Sie zu verletzen droht – ich möchte hier betonen, dass es sich bei einer Verletzung auch um eine Verletzung im psychischen Sinne, sei es die Verletzung des Selbstbildes oder der eigenen Wertevorstellungen, handeln kann – reagiert der Mandelkern mit der Ausschüttung von Emotionen. Hierbei ist die Stärke des eingehenden Reizes ausschlaggebend.

Desto stärker der Reiz, sprich das Gefühl, verletzt zu werden, desto stärker auch die Antwort. Es gilt jedoch noch zwischen zwei Hauptmechanismen zu unterscheiden: der erste Mechanismus ist, wie beschrieben, die emotionale Antwort auf einen einzelnen Reiz. Je nachdem wie empfindlich uns dieser Reiz trifft, ist auch sein Potenzial höher und er überschreitet die Auslösungsschwelle, die schließlich zur emotionalen Überflutung führt. Eine zweite Möglichkeit besteht darin, dass in kurzer Zeit mehrere Reize eintreffen, die allein keine solche Meuterei auslösen würden; Sie würden dann aktiv wahrnehmen, welches Gefühl in Ihnen ausgelöst wurde, aber Sie können es noch kontrollieren. Treffen nun mehrere dieser Reize in bestimmter zeitlicher Reihenfolge ein, sodass Sie nicht abgebaut werden können bis der nächste Reiz eintrifft, addieren sich die Reize auf und lösen ebenfalls eine "emotionale Meuterei" aus, in der Sie bzw. Ihr Körper vorübergehend ganz nach der ausgelösten Emotion handelt und Ihre anderen Gehirnzentren jegliches Mitspracherecht verlieren.

Ich möchte dies anhand von zwei Beispielen veranschaulichen. Nehmen wir an, Sie hatten eine Nahtoderfahrung, als Sie im Urlaub waren und von der hereinbrechenden Flut und größeren Wellen überrascht wurden. Eine Welle hat sich Sie gepackt und unter Wasser gedrückt. Die Kraft des Ozeans wirbelte Sie herum und als Sie es endlich wieder an die Oberfläche geschafft haben, brach bereits die nächste Welle über Ihnen zusammen und die Prozedur wiederholte sich. Sie sind im Inbegriff zu ertrinken und Ihr Körper reagiert mit panischer Angst. Sie schaffen es, zu überleben und finden sich am Ende des Sommers in einem Freibad ein, in das Ihre Kinder unbedingt wollten. Sie spielen mit Ihnen im Wasser, das Ihnen knapp über die Schultern reicht, als plötzlich direkt neben Ihnen eine Horde Jugendlicher ins Wasser springt. Eine große Welle rollt auf Sie zu, die Sie verschluckt und über Ihrem Kopf zusammenbricht. Die Überraschung lässt Sie Wasser schlucken. Sie haben keine Luft mehr und Wasser im Gesicht. Sofort springt das emotionale Gedächtnis an und löst die panische Angst des Ertrinkens in Ihnen aus, die Sie in Ihrem Urlaub erlebt haben.

Ein typisches Beispiel für den zweiten Mechanismus ist ein Streit. Der Streit beginnt erst einmal sehr nüchtern. Ihr Lebenspartner findet, dass er/ sie sehr viel mehr Aufgaben im Haushalt übernimmt als Sie und wertet Sie deshalb als "faule Sau". Außerdem wäre das ja immer so. Sie verteidigen sich und argumentieren, was Sie alles im Haushalt erledigen und dass Sie außerdem viel mehr Arbeit haben. Sie finden es ungerecht und sind bereits ein wenig verletzt. Nun wird er/sie sich verteidigen. Das geht so weiter, bis Sie immer mehr Vorwürfe gegen Ihre Person gesammelt haben, die Sie verletzten. Mehrere Argumente, die Sie beleidigen, lösen auch mehrere Reize aus. Das typische provozieren bzw. sich provoziert fühlen. Sie merken, dass Sie zu kochen beginnen bis sich genug Reize gesammelt haben und der Zornausbruch Ihren Kopf übernimmt.

Nun! Unsere Emotionen können schlecht sein bzw. unangebracht und deswegen im Nachhinein eine Situation schlecht aussehen lassen. Sie sind gleichzeitig aber auch für all Ihre schönen Erinnerungen verantwortlich. Wer möchte schon die glücklichen und liebevollen Momente in seinem Leben einfach weglassen? Sie nicht und ich auch nicht! Ohne

Emotionen wäre das Leben also ganz schön fad. Deswegen lassen Sie uns unsere Emotionen kennenlernen und angemessen ausleben. Im nächsten Kapitel lernen Sie mehr über die Facetten unserer emotionalen Welt. Es ist ein Kapitel, das bereits sehr hilfreich für die erste Stufe sein wird: die Selbstwahrnehmung. Erfahren Sie daher mehr über die Arten der Emotionen, die sich in Ihrem Kopf so herumtreiben. Es wird Ihnen helfen, Ihre Gefühle zu identifizieren und somit benennen zu können.

EMOTIONEN IN ALL IHREN FACETTEN

Bestimmt sind Ihnen die Emotionen bzw. Gefühle, die nachfolgend aufgezählt werden, nicht fremd. Sie wissen wie sie sich anfühlen und in welchen Situationen sie bei Ihnen ausgelöst werden. Den Großteil werden Sie bereits auch bei anderen Menschen erkennen, indem Sie Ihre Mimik und Körpersprache zu deuten wissen. Wenn jemand weint, werden Sie höchst wahrscheinlich richtig mutmaßen, dass diese Person traurig ist. Andere Merkmale der nonverbalen Kommunikation werden Sie schließlich auch darauf hinweisen, dass es wirklich Tränen der Trauer und nicht der Freude sind.

Im Folgenden werden Sie allerdings neben den normalen Gefühlen und woran Sie in der Mimik erkennbar sind, auch etwas über die Auswirkungen der Gefühle auf den Körper erfahren. Gefühle können nämlich bzw. sind ursprünglich dazu gedacht, physische Reaktion auszulösen, um auf eine äußere Situation angemessen zu antworten. Dies kann eine mehr Bereitstellung an Energie sein oder eine beruhigende und sich zurückziehende Wirkung auf den Körper und den Verstand haben. Emotionen beeinflussen daher auch Ihre Stimmung und gleichzeitig körperliche Abläufe und Hormonausschüttungen. Sie kennen bestimmt das Gefühl der Zurückgezogenheit bei Trauer oder die beruhigende Wirkung von zärtlichen Berührungen und Schmuseeinheiten. Und wenn Sie Wut verspüren, kommt es Ihnen so vor, als hätten Sie mehr Energie. Wie bereits gesagt, waren Emotionen ursprünglich ein Mittel von "Tieren" das Überleben zu sichern und in einem Kampf, auf der Flucht oder auch bei Niederlagen und Verlusten den Menschen (und auch andere Tiere nach wie vor) zu unterstützen.

Nach dem Emotionsforscher Paul Ekman gibt es sieben primär Emotionen, die auch Basisemotionen genannt werden, die bei allen Menschen und ihren Kulturen gleich sind und auch auf dieselbe Weise ausgedrückt werden. Unterdessen werden Sie auch bei allen Menschen als diese Gefühle erkannt; Sie werden bei einer Reise nach Asien, Australien, Afrika oder Amerika bei einer Person sehen können, ob sie traurig ist oder sich freut, da das Muster dieses Gefühls so ausgedrückt wird, wie Sie es von zu Hause kennen.

Daraus wurde geschlussfolgert, dass es sich um genetisch vererbte Anlagen dieser Emotionen handeln muss, nachdem sie bei allen Menschen konform auftreten und universal ausgedrückt werden (Irina Bosley, 2018). Weiterhin müssen diese Emotionen auch nicht erlernt werden, sondern sind als gestisches Programm in uns vorhanden und treten – gerade deswegen – schon im neugeborenen Alter auf (die Emotionen können allerding noch nicht vollständig bei anderen Personen erkannt werden (Ekman, 2010)) (Kanitz, 2015). Nach Ekman bestehen die sieben Basisemotionen aus Freude, Trauer, Furcht, Ärger, Überraschung und Ekel. Emotionen, die als sekundäre Gefühle bezeichnet werden, wie Schüchternheit, Scham, Verzweiflung, Stolz oder auch Arroganz etc., können sich zwischen Ländern unterscheiden. Sie werden durch Erziehung und Kultur erlernt und geprägt.

Da beispielsweise Scham beim Toilettengang in Japan auftritt, wenn man hören kann, ob jemand Wasser lässt oder nicht, läuft von Haus aus ein Rinnsal, das durch stetiges Plätschern zu hören ist. Somit kann nicht gesagt werden, ob jemand tatsächlich die Blase erleichtert oder es nur das Plätschern des ständigen Wasserlaufs ist. Diese Sitte ist in Deutschland nicht der Fall. Das Beispiel bezieht sich nun nicht darauf, woran Sie erkennen, wie sich Scham mimisch äußert, aber Sie verstehen, dass Scham in verschiedenen Kulturen aus verschiedenen Gründen auftreten kann. Wenn es Sie interessiert, wie Scham in der japanischen Kultur geäußert wird, beschreiben Sie eine deutsche Toilette und beobachten Sie die Reaktionen.

Wut - Zorn!

Was machen Sie automatisch, wenn Sie zornig sind? Sie Ballen die Fäuste und spannen vor allem die Arme an. Ihre Kiefer pressen aufeinander und Sie atmen stoßweise. Dies liegt daran, dass diese Emotion die Ausschüttung von Hormonen verursacht, wie zum Beispiel Adrenalin. Es bewirkt einen Kraftzuwachs und mobilisiert mehr Energie. Gleichzeitig ist Ihr Puls und Ihre Atmung erhöht.

Das Zusammenpressen des Kiefers kann mit einem Zähnefletschen verglichen werden, während zusätzlich mehr Blut in die Arme fließt um diese zu "aktivieren", falls Sie in eine physische Auseinandersetzung verwickelt werden (Goleman, 29. Auflage 2019)· Alles weist auf eine Kampfhandlung hin und wird dadurch verursacht, dass Sie sich bedroht fühlen. Diese Bedrohung wird bei zwischenmenschlichen Begegnungen ausgelöst (Ekman, 2010). Im modernen Sinne kann dies zum Beispiel eintreten, wenn Sie in einem Meeting bei einer Diskussion das Gefühl haben, nicht ernst genommen zu werden. Stattdessen denken Sie, dass sich Ihr Gegenüber über Sie amüsiert. Er provoziert Sie. Dies ist nun keine Bedrohung mit einem Speer, sondern eine Bedrohung Ihrer Selbstachtung und des Respekts, den Sie entgegengebracht bekommen und eventuell drohen zu verlieren. Umgangssprachlich ausgedrückt, möchten Sie Ihr Gesicht wahren.

Wir können das Gefühl der Wut schnell bei jemadem erkennen, wenn er mit hassversertem Gesicht um sich schreit. Es gibt jedoch auch "subtilere" Ausdrucksformen des Zorns, bevor es zu einem Wutanfall kommt. Denn wenn Sie solch eine Person kennen oder sehen, wissen Sie mitlerweile, dass er von seiner Emotion gemeutert wurde und offensichtlich keine höhere emotionale Intelligenz besitzt. Kennen Sie im Gegenzug diesen grimmigen bzw. wütenden Blick, wenn Sie jemand ansieht und gerne mit diesem Blick vernichten möchte? Probieren Sie es selbst kurz aus und achten Sie auf Ihre Gesichtspatien. Nehmen Sie eventuell sogar einen Spiegel zur Hand, um die Mimik der Wut an sich selbst zu sehen und künftig besser erkennen zu können; Ihnen wird wahrscheinlich als erstes Ihr verengtes Sichtfeld auffallen: Ihre Augen sind schmäler und zusammengekniffen, während Ihre Augenbrauen heruntergezogen sind. Ihre Lippen sind schmal und aufeinander gepresst. Wenn Sie sich kurz in das Gefühl hineinversetzen, können Sie womöglich auch noch feststellen, wie sich Ihre Nasenflügel strecken und weiten werden (Irina Bosley, 2018).

Angst - Furcht!

Sie sind nachts unterwegs. Es ist dunkel. Plötzlich ein Kläffen und auf einmal steht ein zähnefletschender Hund vor Ihnen. Ihre Augen sind aufgerissen und Sie sind starr vor Schreck. Bleich und das Herz rast.

Angst tritt immer dann auf, wenn Sie sich in einer Situation befinden, bei der Sie sich macht- oder auch hilflos fühlen und die Möglichkeit besteht, verletzt oder sogar getötet zu werden (Ekman, 2010) . Hierbei weicht das Blut in die großen Skelettmuskeln, wodurch Sie blass erscheinen. In der kurzen Starre wägt Ihr Gehirn ab, ob Sie lieber in Deckung gehen und verharren oder weglaufen, also fliehen sollen. Um möglichst schnell zu rennen, ist Ihr Blut bereits in die Muskeln geleitet worden (Goleman, 29. Auflage 2019). Die aufgerissenen Augen ermöglichen unterdessen ein weiteres Blickfeld, um auch wirklich alle potenziellen Gefahren wahrzunehmen. Angst dient allein der Selbsterhaltung und dem Schutz vor "Beschädigung". Sie können Angst haben, wenn Sie nah an einer Klippe stehen. Also erstarren Sie, was Sie davor bewahrt, hektisch zu handeln und eventuell abzustürzen. Höhenangst.

Haben Sie Ihren Spiegel wieder zur Hand? Die meisten Merkmale wurden bereits im Text beschrieben. Hier werden sie dennoch noch einmal zusammenfassend aufgeführt. Versuchen Sie auch wieder selbst die Bewegungen nachzumachen und womöglich sogar nachzuempfinden. Versetzen Sie sich in eine Situation, in der Sie Angst haben und achten Sie auf Ihren Gesichtsausdruck. Die Augen sind geweitet und die Augenbrauen angehoben. Ihr Mund ist währenddessen leicht geöffnet (Irina Bosley, 2018).

Ekel!

Sie fahren auf das Land und sobald Sie von der Autobahn abgefahren sind steigt Ihnen der Geruch von frisch gedüngten Feldern in die Nase. Was für ein Gestank. Automatisch ziehen Sie die Oberlippe hoch. Nach einer Beobachtungen von Darwin ist dies eventuell der Versuch, die Oberlippe über die Nase zu legen oder bei ungutem Essen, das automatische Schaffen einer Öffnung des Mundes, um das Essen wieder auszuspucken bzw. zu speien. (Goleman, 29. Auflage 2019)

Der Gesichtsausdruck für Ekel ist eindeutig. Wenn Sie es selbst einmal versuchen, merken Sie gleich, dass bei diesem Gefühl das ganze Gesicht in gut sichtbarem Maße beteiligt ist. Es fühlt sich an wie "verknittert". Im Einzelnen ziehen sich die Augenbrauen zusammen und die Nase wird nach oben gezogen. Die Nasenflügel sind kraus und die Oberlippe ist geschürzt, also ebenfalls hochgezogen. Dabei schiebt sich auch die Unterlippe leicht nach vorne und legt womöglich auch die Zahnreihe des Unterkiefers frei (Irina Bosley, 2018).

Trauer!

Wie fühlen Sie sich, wenn Sie traurig sind? Ich fühle mich antriebslos, energielos, teilweise auch ratlos und hinterfrage gleichzeitig auch viel. Und das ist okay so und sogar gewollt. Der Körper fährt nämlich den Stoffwechsel herab und Hormone sorgen dafür, dass Sie sich keinen wilden Aktivitäten zuwenden und das Interesse an Vergnügungen sinkt. Es ist ein Mechanismus, der Sie davor schützt, dass Sie sich in Ihrem Zustand der mangelnden Aufmerksamkeit in gefährliche bzw. unbekannte Situationen begeben, die sogar existenzbedrohend sein können; Ihr innerer Trieb, Ihr Leben so lange wie möglich zu schützen wird nie müde! Sie bleiben also zu Hause! Dort denken Sie über das Geschehene nach und beginnen dann bald darauf mit neuer Energie und gewonnenen Ideen wieder aktiver zu werden. (Goleman, 29. Auflage 2019)

Den Ausnahmezustand bildet die allseits bekannte Depression. Es ist ein chronischer Zustand von Trauer und kann in verschiedenen Ausprägungen und auch Zeiträumen auftreten, wie beispielsweise oft im Winter oder auch in sonnenarmen Monaten und Orten. Eine Depression abzuschütteln kann oftmals gar nicht so einfach sein, ist aber durchaus möglich. Hierfür ist es bereits wichtig, sich selbst gut zu kennen und zu beobachten und sich zu fragen: Was macht mich traurig? Die saisonbedingte Depression kann meist durch Vitamin- und Mineralstoffgabe, wie auch ein größeres Angebot von Aminosäuren für den Körper aufgelöst werden. Top Kandidaten sind Vitamin D und Lithium, wie auch die essenziellen Aminosäuren, vor allem Phenylalanin und Tryptophan. Weiterhin kann auch das "Herausreißen" aus dem Alltag die Stimmung heben, indem aufregende Dinge unternommen werden. Was und ob es wirkt, muss indessen selbst herausgefunden werden. Bei schweren Fällen rät es sich auch, sich in eine therapeutische Behandlung zu begeben,

Trauer zu erkennen kann sehr leicht oder sehr schwer sein. Manche Menschen haben von Haus aus einen traurig wirkenden Gesichtsausdruck. Bei anderen wiederum erkennen Sie sofort, dass etwas nicht stimmt und demjenigen steht die Trauer förmlich ins Gesicht geschrieben. Versuchen Sie selbst einmal, einen traurigen Gesichtsausdruck aufzusetzen. Vielleicht merken auch Sie, dass dies im Gegensatz zu Ekel beispielsweise, nur sehr feine Änderungen in den Gesichtszügen sind, die kaum nachzuvollziehen sind. Was Ihnen allerdings aufgefallen sein könnte, sind die Mundwinkel, die leicht nach unten gezogen sind, sowie auch die Augenlieder. Das Gesicht wirkt im Gesamten eingefroren. Der Blick ist meist starr in Leere gerichtet (Irina Bosley, 2018).

Freude - Glück!

Freude und Glück wünscht sich doch jedermann, weil es sich einfach gut anfühlt. Sie sind zufrieden und der Großteil der Sorgen ist weg oder erscheint nur noch als ein kleines Problem. Diese Wirkung ist nicht überraschend. Mittlerweile wissenschaftlich erwiesen ist, dass das Gefühl von Glück das zerebrale Zentrum aktiviert und negative Gefühle hemmt (Goleman, 29. Auflage 2019). Demnach steht Ihnen mehr Energie zur Verfügung, die Sie motiviert, an alle Aufgaben heranzugehen und Herausforderungen annehmen lässt. Es verwundert also nicht, weshalb Menschen so häufig das große Glück finden möchten. Wie auch die **Liebe,** besitzt es eine entspannende und beruhigende Wirkung auf die Erregbarkeit des Nervensystems, wodurch die Erholung von "unangenehmen Emotionen" (Goleman, 29. Auflage 2019) beschleunigt wird. Hierbei wird der Parasympathikus, der Gegenspieler des Sympathikus, der die Erregungen an den Körper sendet, aktiviert.

Sie werden bestimmt keine Schwierigkeit darin haben ein, fröhliches Gesicht aufzusetzen. Sie werden ein Lächeln im Gesicht haben und womöglich auch einige Lachfalten um die Augen. Die Wangen sind angehoben und die Stirn ist entspannt. Lächeln Sie ruhig noch ein wenig länger, denn auch ein falsches Lächeln signalisiert dem Körper Freude und hat dieselbe Wirkung wie ein echtes Lächeln. Es macht Sie ein Stück glücklicher und erleichtert den Alltag.

Überraschung!

Wann sind Sie überrascht? Bei Geschenken? Wenn Sie darüber staunen, wie schön der Tisch dekoriert ist und wie riesig die Geburtstagstorte geraten ist? Oder aber, wenn Sie beim Autofahren unaufmerksam sind und Sie plötzlich "zurecht gehupt" werden, weil Sie auf die Nebenspur abgedriftet sind. Dann geht der Puls hoch. In beiden Fällen weiten sich in erster Linie die Augen. Dies dient, ähnlich wie bei der Angst, dem größeren Blickfeld, damit alle Informationen aus der Umwelt möglichst schnell und genau aufgenommen werden können. Überraschung wird immer dann ausgelöst, wenn eine unvorhergesehene plötzliche Situation eintritt (Ekman, 2010). Oftmals geht die Überraschung der Angst voraus. Es hilft uns, alle möglichen Informationen zu sammeln und somit angemessen auf eine Situation zu reagieren.

Überraschung lässt sich auch mit Staunen übersetzen. Wenn Sie also ins Staunen geraten, wie sehen Sie dann aus? Ihr Spiegel zeigt Ihnen Ihren geöffneten Mund und die aufgerissenen Augen. Dies sind die deutlichsten "Spuren" in Ihrem Gesicht.

Ihnen ist womöglich aufgefallen, dass die Mimik der Überraschung sehr der Mimik der Angst ähnelt. Probieren Sie mal beide Gesichtsausdrücke aus und fokussieren sich auf die Feinheiten. Es sind nur kleine Abweichungen dabei, die Sie nur mit sehr viel Übung bei anderen Personen genau identifizieren können. Hierbei empfiehlt es sich, die Situation selbst zu bewerten, die die emotionale Reaktion hervorgerufen hat und so zu erschließen, ob es sich nun um Angst oder Überraschung handelt. Außerdem kommt hinzu, dass Überraschung und Angst auch zusammen auftreten können bzw. in knapper Abfolge nacheinander. Somit wird die betroffene Person selbst nicht genau sagen können, welche der beiden Emotionen sie verspürt oder aber, dass sie beide wahrgenommen hat.

Die nonverbale Körpersprache deuten zu können ist ein entscheidendes Merkmal, um zwischenmenschliche Situationen besser zu bewerten und somit auch den Ausgang bewusster zu steuern. Wenn Sie künftig in einem persönlichen Gespräch merken, dass die andere Person wütend wird oder vielleicht auch traurig, können Sie darauf eingehen und zu einem Abschluss kommen, der bei der Arbeit oder auch in einer privaten Beziehung wünschenswert ist und das Verhältnis verbessert;

im Gegensatz zum letzten Mal, als die Situation emotional eskaliert ist und nicht nur ein eventuelles Problem aufgeschoben hat, das gelöst werden sollte, sondern auch noch ein neues erschaffen hat. Zum Thema Körpersprache und nonverbale Kommunikation wird Sie im Kapitel zum Erklimmen der Stufe 5 – Beziehungsmanagement – noch mehr erwarten. Und nun wollen wir mal loslegen und unsere emotionalen Skills auf ein nächstes Level bringen!

Rauf auf das Treppchen!

Nachdem Sie nun mit dem nötigsten theoretischen Handwerkszeug ausgestattet sind - vielleicht sind Sie auch direkt zur Praxis gesprungen -, wollen wir uns jetzt damit befassen, wie Sie Ihre emotionale Intelligenz auf die nächste Stufe stellen können und zwar Schritt für Schritt. Dazu werden Sie in den einzelnen Kapiteln zu den einzelnen Stufen vorerst erfahren, was es mit der Stufe auf sich hat und wo die Schwerpunkte liegen. Daran anknüpfend können Sie im Methodenteil sehen, wie sich diese Kompetenz verbessern lässt. Hierzu sind mehrere Möglichkeiten aufgeführt, um das Ziel zu erreichen. Einige werden Ihnen vielleicht mehr zusagen als andere; so bitte ich Sie, sich für diejenigen Methoden zu entscheiden, die Ihnen am meisten zusagen und von denen Sie sich vorstellen können, sie in Ihren Alltag zu integrieren.

Das Verbessern der emotionalen Intelligenz ist ein Lernprozess und wirkt sich durch Trainingseffekte aus. Erinnern Sie sich, wie Sie in der Schule nichts für Mathe gelernt haben und Klassenbester waren? Oder wie Sie nie im Englischunterricht waren, aber trotzdem eine Eins im Zeugnis hatten, weil Sie schon in Mathe so ein Naturtalent waren? Oder als Sie mit dem Papst auf Lateinisch diskutiert haben, das Sie fließend beherrscht haben, als Sie sich eine dreiviertelstündige Doku über Aquädukte reingezogen haben? Sie erinnern sich nicht? Ich mich auch nicht! Aber ich erinnere mich daran, wie ich Matheaufgaben gerechnet habe; froh war, das Thema einigermaßen verstanden zu haben und eine drei bekommen habe. Ich erinnere mich, wie ich Bücher, Filme und Hörspiele auf Englisch konsumiert habe, um ein Sprachgefühl zu entwickeln und wie ich im Lateinunterricht geflucht habe und nie verstehen konnte, dass man diese Sprache auch fließend sprechen kann!

Das kommt Ihnen wohl auch bekannter vor, nicht wahr? Sie haben für den Erfolg, den Sie heute haben bzw. für die Position, in der Sie sich heute befinden, Zeit investiert. Zeit in das Erlernen neuer Fähigkeiten. Zeit in eine Ausbildung und ein Studium, um ein höheres Ziel zu erreichen. Und genau das sollten Sie auch hier wieder versuchen. Investieren Sie Zeit in sich und Ihre Fähigkeiten, um erfolgreicher und zufriedener im Leben zu stehen. Und glauben Sie mir. Es ist nicht viel Zeit, die Sie benötigen. Es sind immer nur ein paar Minuten täglich. Wollen Sie das? JA? Dann lassen Sie uns die Ärmel hochkrempeln und an die Sache ran gehen!

EXKURS: NEUE GEWOHNHEITEN IN DEN ALLTAG INTEGRIEREN

Was wissen Sie und Ich von uns Menschen? Die Antwort ist einfach: Es sind Gewohnheitstiere und sie lieben die Bequemlichkeit. Dinge, wie Selbstdisziplin und Willenskraft sind gerade deswegen so harte Worte, während wir dennoch denken, dass sie unser Leben verbessern würden, wenn wir diese Eigenschaften hätten. In gewissem Maße besitzen wir sie auch, nur nicht in allen Bereichen unseres Lebens bzw. nicht immer dort, wobei wir uns verbessern möchten. NOCH nicht! Nicht umsonst gibt es jedes Jahr neue Vorsätze und Versprechen, die wir uns selbst gegenüber geben und einhalten möchten. Die Ernährung umzustellen. Abzunehmen. Mehr Sport zu treiben. Januar? Check. Alles durchgezogen. Am zweiten Februar beginnt dann der erste "Cheat Day" und so geht es mit unseren Vorsätzen dahin. Wie aber können Sie es schaffen, neue Gewohnheiten in Ihren Alltag zu integrieren, wenn Sie wirklich schon alles probiert haben und es auch mit eisernem Willen noch nicht funktionieren wollte? Sie möchten es unbedingt, aber manchmal vergessen Sie es einfach. Vollkommen unabsichtlich. Und hier kommt eines der bekanntesten Sprichwörter der Welt auf die Bühne: Fang klein an!

Neue Gewohnheiten sind deshalb so schwierig zu integrieren, weil sie einfach noch nicht zum Alltag gehören und deswegen darin untergehen, insofern Sie nicht seit Neuestem darauf angewiesen sind. Als ich in meinen Semesterferien einen Studentenjob angenommen habe, hieß es täglich um sechs Uhr morgens aufstehen und nicht mehr erst um acht Uhr für die Uni. Das ist für Sie womöglich bereits Alltag. Für mich mittlerweile auch, allerdings war es damals erst einmal neu. Aber es blieb nur neu für die ersten zwei Wochen. In diesen bin ich zuverlässig um sechs Uhr aufgestanden, weil es die Pflicht verlangt hat und ich Geld verdienen wollte. Und nach den zwei Wochen war es für mich das Normalste der Welt.

Was ist aber nun mit den Gewohnheiten, die wir uns selbst aneignen möchten, ohne, dass sie "verpflichtend" dazu sind? Die, von denen Sie selbst überzeugt sind, dass sie Sie im Leben weiterbringen und für sich selbst förderlich sind? Genau um solche Angewohnheiten geht es nämlich auch in den Methoden dieses Buchs zur Verbesserung Ihrer persönlichen emotionalen Intelligenz. So etwas wie Tagebucheinträge, Momente der Achtsamkeit und Selbstbetrachtung.

So wird es Ihnen gelingen; in der Regel hat jeder Mensch einen Tag in der Woche, an dem er nicht so tief in Arbeit oder andere alltagsfüllende Tätigkeiten versunken ist. Sie haben bestimmt auch einen Nachmittag oder Abend, der in der Woche wirklich frei ist und an dem Sie Zeit haben, eine halbe Stunde zu entbehren. Auch wenn es der Freitag, Samstag oder Sonntag ist. Hier ist der richtige Moment, in dem Sie klein anfangen können. Planen Sie an diesem einen Tag Ihr emotionales Intelligenz Training ein. Sie werden sehen, die Trainingseinheiten sind wirklich kurz. Es kann auch kurz vor dem Schlafengehen oder direkt nach dem Aufstehen sein. Nehmen Sie den Tag und die Tageszeit, bei der Sie sich am wohlsten damit fühlen. Stellen Sie sich jetzt einen Wecker für den besagten Zeitpunkt und/oder tragen Sie es als festen Termin in den Kalender ein. Nun führen Sie an diesem auserwählen Tag Ihr Training durch. Sie werden sich gut fühlen und haben in der Woche Ihr

Trainingsziel erreicht. Falls Sie von Ihrem Training begeistert sind und es Ihnen leicht fällt, es in Ihren Tagesablauf zu integrieren, dann tuen Sie es. Aber! Halten Sie immer Ihren festgelegten Zeitpunkt ein. Es ist Ihr Nordstern. Die anderen Tage, an denen Sie "freiwillig" trainiert haben, sind nur Bonustage. An diesen Tagen können Sie Ihr Training vernachlässigen. Aber an dem "Tag Ihres Nordsterns" haben Sie von jetzt an eine neue Verpflichtung.

Wenn Sie Ihren Tag gefunden und an ihm Ihre ersten Übungen ausgeführt haben, dann wiederholen Sie schließlich Woche für Woche immer an diesem besagten Tag Ihre neue Gewohnheit. Nach einiger Zeit werden Sie merken, dass er sich in Ihrem Kopf als wirklich fixer Termin festgesetzt hat. Hier sind Sie an dem Punkt angelangt, an dem Sie sich nun einen zweiten Tag hinzunehmen und bald darauf den dritten und vierten bis zum siebten (insofern Sie an so viele Tagen dazu bereit sind). Glauben Sie mir; es klingt vorerst sehr einfach und womöglich denken Sie, Sie fangen gleich mit drei Tagen an. Dann tuen Sie es. Wenn Sie aber selbst merken, dass Sie es zeitlich nicht schaffen und versuchen dem Termin auszuweichen, bitte ich Sie um Ihrer selbst Willen: machen Sie einen Schritt zurück und nehmen Sie wieder einen Tag weniger. Sobald es nämlich anfängt zur Bürde zu werden, wird Ihr Trainingseifer zurückgehen und somit stagniert auch bald darauf Ihr Fortschritt. Ich möchte Sie nicht demotivieren. Ich möchte nur ehrlich und realistisch zu Ihnen sein und hoffe, dass Sie es auch zu sich selbst sind. Anfangs brennt die Flamme der Begeisterung immer höher, aber Sie wird ausgehen, wenn sich keine Glut gebildet hat, die heiß genug ist, um neue Flammen zu entzünden.

Also mein Appell an Sie für eine Zukunft, in der Ihnen neue Gewohnheiten das Leben schöner Gestallten; in der Ihre emotionale Intelligenz wächst und in der jeder zu Ihnen aufsieht, weil Sie nun der- oder diejenige mit der eisernen Disziplin sind. Machen Sie kleine Schritte, bei denen Sie sich sicher sind, dass Sie sie nicht belasten und die Sie sicher einhalten können. Im Endeffekt sind es kleine Entbehrungen bzw. kleine Anstrengungen. Halten Sie sie so klein, dass Sie sie auch wirklich schaffen und seien Sie ehrlich zu sich selbst. Und das wichtigste an der Sache ist:

Vergessen Sie nicht den Spaß dabei. Wenn Sie denken, eine andere Methode macht Ihnen mehr Spaß oder Abwechslung im Allgemeinen, dann tuen Sie es. Nutzen Sie an verschiedenen Tagen verschiedene Methoden. Seien Sie so kreativ, wie Sie möchten und schreiben Sie auch ruhig humorvolle Gedanken mit auf, wenn Sie ein Gefühl analysieren und in Ihrem Tagebuch festhalten. Disziplin ist nämlich kein Synonym für "stur geradeaus". Nehmen Sie den Spiegel und schenken sich ein Lächeln, ob fake oder echt.

Stufe I: Erkenne dich selbst – Selbstwahrnehmung

Bereits die alten Griechen kannten den Ausdruck "Erkenne dich selbst" als wichtigen Schritt zu mehr Zufriedenheit und Glück. Γνῶθι σεαυτόν (gnothi seauton) stand diesbezüglich auf dem Apollotempel in Delphi. Gemeint ist die bewusstere Wahrnehmung des Selbst bzw. dessen, was Sie selbst sind. Es ist das Kennenlernen und Bewusstmachen von Denk- und Gefühlsprozessen, die in einem vorgehen. Daher wird hier insbesondere die Achtsamkeit geschult, mit dem Ziel die eigenen Gefühle zu erkennen, während sie auftreten. Goleman bezeichnet dies als "die Grundlage der emotionalen Intelligenz" und weiterhin: „Wer die eigenen Gefühle nicht zu erkennen vermag, ist ihnen ausgeliefert. Wer sich seiner Gefühle sicherer ist, kommt besser durchs Leben, erfaßt [sic!] klarer, was er über persönliche Entscheidungen wirklich denkt, von der Wahl des Ehepartners bis zur Berufswahl.“ (Goleman, 29. Auflage 2019) (S.65). Wie Sie im Kapitel über Emotionen und ihre Entstehung gelesen haben, ist es möglich, Ihre Gefühle mit "vernünftigen Gedanken“ des Neokortex zu steuern. Dies ist aber nur dann möglich, wenn Sie wissen, was Sie fühlen und welche Emotionen Sie beeinflussen möchten.

Der Fachbegriff dieser emotionalen Wahrnehmung nennt sich "emotionales Bewusstsein" (Kanitz, 2015) und lässt sich in verschiedenen Ausprägungsstufen veranschaulichen:

Geringes emotionales Bewusstsein: der Ausnahmefall ist die Gefühlsblindheit, bei der ein Mensch keinen Zugang zu seinen Gefühlen hat, und zwar in dem Maße, dass er sie auch nicht verspürt. Umgangssprachlich würden Sie dies eventuell als "gefühlskalt" verifizieren, wobei es sich tatsächlich um einen neurologischen Effekt handelt, bei dem vermutlich Hirnstränge nicht vollständig vernetzt und ausgeprägt sind. (Goleman, 29. Auflage 2019)

steigendes emotionales Bewusstsein: mit steigendem Bewusstsein verspüren Sie immer mehr die Auswirkung der Gefühle auf ihren Körper. Als erstes werden Sie in der Lage sein bzw. sind Sie bereits in der Lage, die physische Auswirkung der Gefühle wahrzunehmen. Wie bei den Basisemotionen angesprochen, reagiert der Körper auf den Reiz der Emotionen beispielsweise mit Erregung und höherer Energiebereitstellung. Sie bemerken diese Erregung und Erhitzung des Körpers oder den erhöhten Muskeltonus, den die Wut auslöst.

Weiterhin gibt es das allseits bekannte Bauchgefühl oder auch eine Intuition, die Sie verspüren. Sie haben das Gefühl, dass irgendetwas "im Busch ist". Es ist eine innere Vorahnung, die Sie nicht loslässt. Dies ist bereits das Wahrnehmen eines Gefühls bzw. das Erahnen, dass eine bestimmte Situation ein Gefühl in Ihnen auslöst.

Mittleres und erhöhtes emotionales Bewusstsein: der nächste Schritt ist es, dieses erahnte Gefühl in Worte zu fassen und als spezielle Emotion zu identifizieren, die sog. Sprachbarriere. Wenn diese überwunden wird, befinden Sie sich in einem Stadium, in dem Sie Ihre Gefühle klar wahrnehmen und unterscheiden können. Sie können anderen mitteilen, wie Sie sich gerade fühlen oder welche Gefühle bestimmte Situationen in Ihnen ausgelöst haben.

Hohes emotionales Bewusstsein: sobald Sie über ein hohes emotionales Bewusstsein verfügen, können Sie Ihre Gefühle nicht mehr nur gut ausdrücken und eindeutig wahrnehmen, sondern auch ihre Hintergründe erschließen. Sie kennen sich selbst mittlerweile so gut, dass Sie wissen, was die eigentliche Ursache des Gefühls ist. Ein Beispiel zur

Veranschaulichung: Es steht eine wichtige Entscheidung bevor. Sie müssen diese Entscheidung treffen und werden die Verantwortung dafür tragen. Es kann eine Entscheidung über einen Berufswechsel sein, über eine Investition, wie ein Haus zu kaufen oder auch, ob man mit seinem Partner/ seiner Partnerin den Bund für das Leben eingehen möchte. Womöglich fallen ihnen diese Entscheidungen leicht, aber sehr wahrscheinlich ist es auch, dass Sie Angst davor haben, diese Entscheidung zu treffen. Sie haben Angst vor den Auswirkungen, die schließlich auf Sie zurückfallen werden, weil Sie dafür verantwortlich waren. Was also, wenn die Firma plötzlich den Bach runtergeht, Sie Ihr ganzes Geld verlieren oder Ihre Ehepartnerwahl ein riesiges Drama nach sich zieht?

Genau davor haben Sie Angst und das spüren Sie. Was verbirgt sich aber hinter dieser Angst? Wovor haben Sie wirklich Angst? Vor einer Fehlentscheidung? Ja. Aber nicht konkret vor der Fehlentscheidung, sondern der damit einhergehenden sozialen Ablehnung, vor der Kritik und davor, zu versagen und sich eine Schwäche eingestehen zu müssen. Das sind die eigentlichen Beweggründe, weshalb diese Entscheidung so schwerfällt.

Es lässt sich sagen, dass hinter den meisten Gefühlen ein Beweggrund verborgen ist, sowohl bei positiven Gefühlen wie auch bei negativen Gefühlen. Es macht jedoch einen enormen Unterschied, wenn Sie sich darüber im Klaren sind, was dieses Gefühl auslöst. Erinnern Sie sich an das Beispiel mit dem Wasser, das in das Erdgeschoss getropft ist, weil eine Dachluke offen war? Wenn Sie nach der Dachluke gesehen haben, haben Sie nach der Wurzel des Problems geforscht und an diesem können Sie optimal arbeiten, wenn Sie es kennen und langfristig Ihre Emotionen kontrollieren, weil Sie wirklich wissen, woher sie kommen und weil Sie nun selbst wissen, wie Sie ticken und was Sie im Innersten beschäftigt. Dies ist die Selbstwahrnehmung und ich denke, Sie erkennen, welche Chancen darin verborgen liegen und welche neue Macht Sie über sich selbst gewinnen können.

Jetzt wollen wir aber auch zu dieser Fähigkeit gelangen und dafür führe ich im Folgenden mehrere Methoden auf, deren Schwerpunkte auf der Achtsamkeit, der Selbstempfindung und der Selbstbewusstwerdung gelegt sind. Sie müssen nicht alles dieser Methoden umsetzten. Behalten Sie den Exkurs über neue Gewohnheiten im Kopf und verwenden Sie diejenigen Methoden, die Ihnen am meisten zusagen. Unter den Methoden gibt es zudem manche, die wirkungsvoller sind als andere. Dies ist jedoch in erster Linie die Einschätzung eines Querschnitts von Testpersonen. Es ist nach wie vor eine individuelle Gestaltung und ein Ausprobieren, was für Sie am besten funktioniert; und: es funktioniert! Aber nicht von jetzt auf gleich. Ein Baum, den Sie pflanzen, muss auch erst zehn Jahre wachsen, bis er Sie überragen wird. Wachsen auch Sie mit der Zeit bis Sie sich selbst überragen werden und setzten Sie sich nicht unter Druck, es jetzt können zu müssen. Es ist ein Prozess, der Sie entschleunigt und Ihnen Entspannung verschaffen wird. Und es ist offensichtlich, dass Entspannung und Druck nicht in dasselbe Wortfeld gehören.

Innehalten

Wie bereits bekannt sind Ihre Gefühle immer präsent und immer "auf dem aktuellsten Stand". Sie sind passive Mitbeobachter Ihrer Umwelt und lassen Sie die Eindrücke unterschiedlich wahrnehmen. Darauf beruhend bietet es sich an, immer mal wieder am Tag zu verharren und in sich hineinzuhorchen. Hierzu bieten sich Situationen an, bei denen Sie ohnehin allein sind und gerade eine kurze Pause einlegen bzw. vor einem Situationswechsel stehen. Wenn Sie aufwachen, versuchen Sie zu spüren, wie Sie sich fühlen. Beim Zähneputzen, beim Kaffee, an der Ampel, kurz bevor Sie aus dem Auto aussteigen oder nach der Arbeit, wenn Sie in das Auto eingestiegen sind. Überlegen Sie kurz, wie empfinde ich gerade. Was sagen mir meine Emotionen?

Womöglich werden Sie nicht sofort verharren können, kurz in sich gehen, das Gefühl erkennen und wieder weitermachen. Vielleicht können Sie es nicht benennen oder konkret sagen, was Sie empfinden. Das macht aber nichts, dafür üben Sie es schließlich.

Hilfestellungen können sein, sich wieder erst einmal auf einen Tag zu konzentrieren. "Gleich am Montag zieh ich das durch!". Legen Sie sich eine Mindestanzahl fest, wie oft Sie an diesem Tag in sich gehen möchten. Zum Beispiel fünfmal. Einmal beim Frühstück, beim Autofahren, kurz vor der Mittagspause, beim Heimfahren und wenn Sie am Abend im Bett liegen.

Es gibt mittlerweile auch Apps, die einen sogenannten Achtsamkeitsgong ertönen lassen, beispielsweise stündlich. Installieren Sie sich diesen Gong und probieren Sie es mal aus. Wenn er ertönt gehen Sie kurz in sich und versuchen, sich Ihrer Gefühle bewusst zu werden.

Gefühlstagebuch

Das Gefühlstagebuch ist eine Steigerung und Erweiterung der Innehalte-Methode und auch effektiver. Gleichzeitig bieten sich auch mehr Möglichkeiten an, es zu nutzen.

Möglichkeit 1: Behalten Sie Ihre Innehalte-Übung bei, aber haben Sie ein kleines Notizbuch parat. Notieren Sie sich dort Ihre Gefühle, in den jeweiligen Situationen. Es hilft Ihnen auch beim Mitzählen, insofern Sie sich ein Mindestlimit gesetzt haben. Das Aufschreiben hilft Ihnen, Ihre Gefühle deutlicher zu benennen und bereitet Sie besser und effektiver darauf vor, Ihre Gefühle in Worte zu fassen (gesteigertes emotionales Bewusstsein).

Möglichkeit 2: Erweitern Sie Ihren Eintrag, den Sie beim Innehalten notieren und fügen Sie Datum, Uhrzeit und Situation hinzu. Zum Beispiel: Montag, 23.5, 7:35 Uhr. Gestresst, wütend. Bin zu spät dran für die Arbeit und vor mir fährt ein Gaspedal – Legastheniker, der mich zusätzlich aufhält!

Möglichkeit 3: Gehen Sie vor dem Schlafengehen in sich und lassen Sie Ihren Tag noch einmal Revue passieren. Versuchen Sie sich an die

Momente zu erinnern, an denen Sie Ihre Gefühle besonders gespürt haben. Einprägsame Momente, die am Tag passiert sind. Zum Beispiel am Morgen, als sich der Hund wieder im Flur erleichtert hat. Sie waren stinksauer und hatten keine Lust es wegzumachen. Außerdem mussten Sie zur Arbeit. Dann auf der Arbeit, als Sie sich über die leckeren Muffins gefreut haben, die eine Kollegin mitgebracht hat. Und das Gespräch in der Mittagspause, das Ihnen sehr viel Spaß gemacht hat und es eine angenehme Gesellschaft war. Als der Boss Sie zur Sau gemacht hat und Sie sich frustriert, wütend und ängstlich zugleich gefühlt haben... usw. Es gibt an jedem Tag ein paar Momente, an die Sie sich besser erinnern können als an andere. Versuchen Sie, sich diese noch einmal bewusst zu machen.

Situationsanalyse

Dies ist eine Übung für Fortgeschrittene und konzentriert sich auf das Aufspüren "der Wurzel des Problems" (hohes emotionales Bewusstsein). Hierbei merken wir bereits, dass wir etwas fühlen und wir können dieses Gefühl konkret benennen. Nun wollen Sie nach der Ursache suchen und überlegen, was hinter dem Vorhang der Emotion steckt und noch ein Stück tiefer in Ihrem Ich graben. Hierzu ist auch wieder ein Tagebucheintrag sinnvoll, bei dem Sie Schritt für Schritt die Situation analysieren können.

Schritt 1 – Die Situation: Sie hatten einen Pudding im Kühlschrank, den Sie sehr gerne mögen und auf den Sie sich den ganzen Tag gefreut haben. Als Sie ihn sich zu Gemüte führen wollen, stellen Sie fest: der Pudding ist weg und Sie haben Ihn nicht gegessen. Also hat Ihr Schatz ihn gegessen, denn Sie leben ja nur zu zweit in der Wohnung. Sie stellen ihn/sie zur Rede und es kommt zu einem heftigen Streit.

Schritt 2 – Die Gefühlskette: Gefühl 1: Enttäuschung, weil der Pudding weg war; Gefühl 2: Wut, weil er einfach gegessen wurde, obwohl genau klar war, dass es Ihr Pudding war; Gefühl 3: noch mehr Wut, weil bei dem Streit noch mehr Dinge gesagt wurden und der/die Partner/in uneinsichtig war; Gefühl 4: Scham und Trauer, weil Sie Dinge gesagt haben, die Sie bereuen und traurig sind, dass es wegen eines Puddings zu so einer Auseinandersetzung gekommen ist; Gefühl 5: erneute Wut über sich selbst, da Sie es doch eigentlich besser wissen.

Schritt 3 – Kern des Problems: Hier geht es um die Grundhandlung und den dabei aufgetretenen Gefühlen. Was war der Auslöser? Der gegessene Pudding. Und das dabei entstandenen Gefühl? Enttäuschung, aber eigentlich die Wut auf den Partner/die Partnerin. Nun stellt sich die Frage, warum sind Sie derart wütend geworden (wir sprechen hier nicht von "angepisst sein", weil der Pudding weg ist, sondern wirklich von einem Wutanfall)? Warum hat es Sie so aufgewühlt?

Es kann sein, dass es anfangs schwer fällt, hier nicht in einen Kreislauf zu verfallen: Ich bin wütend geworden, weil ich enttäuscht war, dass der Pudding weg ist und das nicht zum ersten Mal. Das liegt daran, dass ich gerne diesen Pudding esse und ich jetzt keinen mehr kaufen kann. Hier entwickelt sich eine gewisse Ratlosigkeit. Sie müssen den Auslöser nicht im Außen suchen, sondern bei sich und das erfordert ein hohes Maß an Ehrlichkeit. Und sich selbst etwas einzugestehen, das Sie womöglich als Schwäche ansehen, ist im ersten Moment alles andere als einfach. Jeder von uns trägt schließlich ein Selbstbild von sich im Kopf, nach dem man in gewisser Weise perfekt ist. Natürlich hat man die ein oder anderen Fehler, aber das fällt ja kaum auf. Es ist ein riesiger Schritt, sich selbst eine solche Charaktereigenschaft einzugestehen, die Sie als negativ erachten. Probieren Sie es jedoch weiterhin aus und lernen Sie selbst dieses befreiende Gefühl kennen, bewusst seine Schwächen und "schlechten" Charaktereigenschaften zu kennen. Es wird Ihnen ein großartiges Gefühl vermitteln, weil Sie über Ihren Schatten gesprungen sind und endlich dazu stehen, dass das nun mal ein Teil von Ihnen ist. Und weiterhin können Sie auch dann erst daran arbeiten und es verbessern, wenn Sie akzeptieren, dass es überhaupt da ist.

Schließlich werden Sie in Ihrer Situationsanalyse beispielsweise darauf kommen, dass der wahre Hintergrund Ihres Wutausbruchs darin begründet liegt, dass Sie sich nicht geliebt und wertgeschätzt fühlen. Es ist das Gefühl, von Ihrem Partner vernachlässigt zu werden, als wären ihm/ihr, Ihre Gefühle egal. Dies kann auf ein mangendes Selbstwertgefühl und/ oder Selbstliebe hinweisen oder aber auch auf eine Situation in der Kindheit, in der Sie ständig nur an zweiter Stelle gekommen sind, weil Ihre Bedürfnisse nie als sehr wichtig anerkannt wurden (zumindest kann das so abgespeichert worden sein). Tatsächlich ist man sich oft nicht bewusst, wie tief verankert einige Verletzungen liegen und wie sehr Ihr Unterbewusstsein darauf bedacht ist, Sie und Ihre "Gefühle" vor Schmerz und Verletzung zu schützen.

Dies ist nur ein Beispiel und kann auf viele andere Situationen angewendet werden. Es ist ein sehr großer Schritt, die verborgenen Motive aufzudecken und dieser wird Sie hin und wieder in Grübelei versetzten und auch nicht immer eine passende Antwort geben können. Aber Sie werden sich Stück für Stück zu einem klareren Selbst entwickeln und Stück für Stück sich selbst besser kennenlernen und akzeptieren.

Es wird Ihnen ein Gefühl von Kraft und Zufriedenheit geben, wenn Sie wissen, wer Sie wirklich sind. Ihre guten und schlechten Seiten. Automatisch fördert es Ihr Selbstwertgefühl und Ihr Selbstbewusstsein.

Tipp: Bei solchen Analysen fokussiert man sich gerne nur auf negative Situationen und "böse" Gefühle. Dies kann frustrierend sein, weil sich somit "das Gefühl" einstellen kann, nur schlechte Eigenschaften und Gefühle zu besitzen, wodurch Sie sich verstimmt fühlen können. Versuchen Sie daher zum einen, eine neutrale Perspektive einzunehmen und so zu tun, als wären es die Gefühle eines Freundes beispielsweise, der wissen möchte, was Sie dazu sagen. Zum anderen können Sie auch versuchen, positive Erlebnisse zu analysieren. Dies ist nicht nur für schöne

Gefühle gut, sondern fällt einem in der Regel leichter. Es bietet sich an, erst einmal positive Situationen zu analysieren und die negativen Situationen nach wie vor "nur" mitzuschreiben.

Positive Gefühle entstehen oft, weil Sie in uns das Verlangen nach Aufmerksamkeit, Anerkennung und weitere tiefe Bedürfnisse befriedigen. Wenn Sie sich über ein Lob freuen, bedeutet dies, dass Sie gesehen wurden und eine Anerkennung erhalten haben. Wenn Sie auf einem Date waren und es gut gelaufen ist, stärkt es Ihr Selbstwertgefühl, das unter anderem auf sozialer Anerkennung beruht. Probieren Sie es mal aus und Sie werden sogleich feststellen, was für ein toller Mensch Sie doch eigentlich sind und wie viele schöne Momente ein Tag bereithält.

Meditation

Bestimmt haben Sie schon darauf gewartet. Heutzutage darf Meditation schließlich in keinem glücklichen Leben mehr fehlen. Aber mal Spaß bei Seite. Tatsächlich hilf Ihnen die Meditation, Ihren Geist herunterzufahren und dadurch angestauten Gedanken und Emotionen freien Raum zu geben, um sich zu entfalten bzw. in die Bewusstseinsebene zu treten. Um zu meditieren, ist es nicht nötig sich im Schneidersitz aufrecht hinzusetzen und "Ohm" zu summen. Es ist auch nicht notwendig, den gesamten Sonntag zu meditieren. Suchen Sie sich ein Zeitfenster aus, zum Bespiel vor dem Schlafengehen. Nehmen Sie sich fünf Minuten Zeit und konzentrieren Sie sich einfach auf Ihre Ein- und Ausatmung. Beobachten Sie, wie Ihre Gedanken fließen; von rechts nach links oder andersherum. Seien Sie ein Beobachter Ihrer selbst und versuchen Sie, nicht in bestimmten Gedanken hängen zu bleiben. Falls es passiert und Sie es bemerken, ist das super. Dann können Sie den Gedanken ziehen lassen und wieder Ihre neutrale Rolle einnehmen.

Meditation ist eine optimale Ergänzung, um sich auf sich selbst zu besinnen und bei sich selbst zu bleiben. Wenn Sie einen stressigen Tag hatten oder noch etwas verstimmt von Ihrer letzten Gefühlsanalyse sind, entspannen Sie sich und beruhigen Sie Ihren Geist, denn unter Stress und mit negativen Emotionen haben Sie nicht den Raum, den es bedarf, damit Sie Ihre Gedanken erkennen können. Es ist wie eine Pfütze. Ist sie schmutzig und aufgewühlt, ein feiner Nebel – der Nebel Ihrer Gefühle – dann können Sie nicht den Boden erkennen. Beruhigen Sie den Nebel und lassen Sie sich den Dreck legen, sodass Sie in das klare Wasser blicken können und mit diesem klaren Blick Ihre Emotionen erkennen können. Dies ist schließlich Ihr erstes Ziel auf der ersten Stufe.

Inner Space – der eigene Raum

Der "inner space" ist auf indirekte Art und Weise eine Meditationsübung. Wie es auf Deutsch bereits heißt, *der innere Raum*, so handelt es sich um Ihren persönlichen eigenen Raum, der auch nur für Sie da sein soll. Vergleichen Sie es mit einer Komfortzone, die Sie ebenfalls um sich herum schützen. Der inner space bezieht sich allerdings im Gegensatz zur Komfortzone nicht auf körperlichen Freiraum und Abstand, sondern auf Ihren inneren "seelischen" Freiraum gegenüber anderen Menschen. Ein buddhistischer Mönch erklärte mir, es handele sich um einen Raum, in den Sie niemanden hineinlassen und gleichzeitig auch nicht den Raum eines anderen betreten sollten. Diese Zone, die Sie aufbauen, ist Ihr persönlicher Rückzugsort, in dem Sie vor "Angriffen" der Außenwelt sicher sind. Als Angriffe werden vor allem verbale Attacken oder auch Handlungen gegen Sie gesehen, die Sie persönlich verletzen. Es können aber auch Emotionen oder Probleme anderer sein, die Sie sich sehr zu Herzen nehmen.

Ihr innerer Raum sollte frei von all diesem "Ballast" sein und eine Schutzhülle besitzen, die ebengenannte Angriffe abschirmt. Und genau das können Sie trainieren, indem Sie sich immer wieder bewusst machen, dass Sie diesen inner space besitzen und ihn auch bewusst "ausmisten". Bei regelmäßiger Bewusstwerdung werden Sie eine natürliche Schutzhülle an Gelassenheit aufbauen, wodurch Sie von Kritik oder scharfen Worten nicht mehr so schnell betroffen sind. Zudem entwickeln Sie einen Rückzugsort, in dem nichts anderes ist, außer Ihr selbst. Wie können Sie nun Ihren inneren Raum entwickeln und stärken?

Die Methode, die der Mönch empfohlen hat, bestand daraus, die nächsten 21 Tage alle drei Stunden kurz in den inneren Raum "zu gehen". Sprich Sie ziehen sich kurz aus dem Alltag zurück und versuchen ganz bewusst Ihren Raum, Ihr inneres Bollwerk, wahrzunehmen und können bildlich Emotionen und Situationen, die Sie gerade beschäftigen und belasten, aus dem inneren Raum werfen, um sich dort frei und sorglos zu fühlen, weil in Ihrem inner space reiner Frieden herrscht. Nach den 21 Tagen sollten Sie einmal am Morgen und einmal am Abend in Ihren inneren Raum gehen und schließlich wird es von ganz allein passieren bzw. werden Sie sich Ihren inner space nicht mehr so bewusst machen müssen, denn Sie haben Ihren Schutzwall nun aufgebaut und er aktiviert sich automatisch. Dies ist eine sehr gute Methode, um gelassener in hitzigen Diskussionen zu werden und die Meinungen anderer an sich abprallen zu lassen. Es lässt Sie die Dinge nicht mehr persönlich nehmen und somit werden auch Ihre Emotionen von geringeren Reizen getroffen und demnach reagieren Sie nicht mehr mit derselben emotionalen Intensität, wie Sie es möglicherweise zuvor getan haben.

Stufe II: Emotionen handhaben – Selbstregulierung

Auf der Stufe zwei sollen Sie das Wissen und die Möglichkeiten an die Hand bekommen, mit denen Sie nun Ihre erkannten Emotionen auch angemessen steuern können. Sehr wichtig ist dafür natürlich, dass Sie bereits Übung in der Stufe eins gesammelt haben, sodass Sie Ihre Gefühle auch wahrnehmen und beschreiben können.

Die Idee der Selbstregulierung ist in erster Linie eine Strategie um sich selbst zu finden, mit der Sie Ihre Gefühle oder auch Stimmungen gegebenenfalls kontrollieren und sich davon lösen können. „Das Ziel ist Ausgeglichenheit, nicht Unterdrückung der Gefühle: Jedes Gefühl hat seinen Wert und seine Bedeutung.“, wie es Goleman formuliert (Goleman, 29. Auflage 2019)(S. 79). Ausgeglichenheit ist ein sehr subjektives Empfinden und kann daher sehr individuell ausgelegt werden. So können Sie in einer Situation am Morgen, in der Ihre Wut an die Schläfe pocht, nicht behaupten ausgeglichen zu sein; am Abend hingegen bei einem Glas Wein auf der Terrasse war das Leben nie schöner und Sie fühlen sich tiefenentspannt.

Dies würden Sie problemlos als Ausgeglichenheit einstufen. Anhand dessen abgeleitet lässt sich sagen, dass die Ausgeglichenheit, also die Waage von positiven und negativen Gefühlen, nicht immer zu ein und demselben Zeitpunkt besteht, sondern eine Beobachtung Ihrer Gefühle über einen längeren Zeitraum ist. Haben Sie sich in der letzten Woche ausgeglichen gefühlt? Das ist die Frage, die Sie sich stellen sollten und die Ihnen aufzeigen wird, wie Sie sich denn tatsächlich in letzter Zeit fühlen und wo Ihre Stimmung liegt.

Dies ist der allgemeine Kontext, der Ihnen zeigen soll, dass es wichtig ist, seine Gefühle zu erleben und sich nicht dahingehend selbst zu regulieren, dass Sie Mr. Happy oder Ms. Sunshine werden, die mit einem starren Dauergrinsen im Gesicht herumlaufen. Zufriedenheit und Glück ist in aller Regel wünschenswert und sollte womöglich auch überwiegen. Negative Gefühle sind allerdings keine Emotionen, die Sie versuchen zu meiden. Stattdessen - kommen wir nun zum Potenzial der negativen Gefühle und der Selbstregulation – werden Sie lernen, Ihre Emotionen, vor allem negative, dahingehend zu nutzen, dass Sie in ein positives Ergebnis umgewandelt werden können. Sehen Sie Angst nicht mehr als Lähmung an, sondern als Antrieb. Sehen Sie Abneigung nicht mehr als Meidung, sondern als Chance, daran zu wachsen. Sehen Sie ein Unglück als Glück, denn vielleicht hat sich erst dadurch die Tür zu Ihrem Lebenstraum öffnen können.

Begriffsklärung: Selbstregulation

Die ersten Synonyme, die mir einfallen, wenn ich an Selbstregulierung denke sind einmal „sich im Griff haben“ und zum zweiten „sich steuern“. Was haben Sie als erstes gedacht? Oder Können Sie zwar den Begriff einordnen, aber nichts Konkretes damit anfangen? Der Begriff der Selbstregulierung lässt sich tatsächlich schwer fassen und kann in einem sehr weiten Kontext eingesetzte werden. Im Grunde genommen ist es jedoch ein alltäglicher Mechanismus der Gesellschaft, der von früh auf gelernt wird und ein harmonisches Zusammenleben ermöglicht. Einfach ausgedrückt, lässt sie sich als die Fähigkeit bezeichnen, eigene Impulse (Gefühle) zu kontrollieren. Anhand von einigen Beispielen wird Ihnen sofort klar werden, was darunter verstanden wird.

Ein zweijähriger Junge schmeißt sich im Supermarkt auf den Boden, schreit und strampelt und will, dass seine Mama Ihm ein Überraschungsei kauft. Mit zehn Jahren tritt dieses Verhalten (im Normalfall) nicht mehr auf, da der Junge zum einen gelernt hat, seinen Willen anders zu kommunizieren und er es zum anderen schafft, seine Bedürfnisse dahingehend zu regulieren, dass er sich nicht dieses Überraschungsei kauft, weil er zum Beispiel sein Geld sparen möchte oder er weiß, dass es nicht gesund ist.

Sie sehen, dass Sie einen Strafzettel bekommen. Sehr wütend stampfen Sie zu Ihrem Auto und versuchen, die Situation noch mit vernünftigen Argumenten abzuwenden und die Streife zur Einsicht zu bewegen. Da Ihr Zorn kocht, sind Sie versucht, dem uneinsichtigen Polizisten eine Tirade an Beschimpfungen an den Kopf zu schmeißen. Sie können sich aber selbst davon überzeugen, dass es eine schlechte Idee wäre und dies die Situation verschlimmern würde. Dies ist eine erfolgreiche Selbstregulierung.

Eine Selbstregulierung kann aber auch Folgendes sein: In einer Woche haben Sie eine wichtige Abschlussprüfung in der Abendschule, die Sie seit einem Jahr berufsbegleitend besuchen, um im Beruf weiter aufsteigen zu können. Jetzt steht aber eine Grillfeier ins Haus, zu der Sie eingeladen wurden. Da unter der Woche sehr wenig Zeit zum Lernen besteht, entscheiden Sie sich diesmal, zu Hause zu bleiben, damit Sie Ihrem Ziel, die Prüfung zu bestehen und somit die Karriereleiter hinaufklettern zu können, erreichen.

Anhand dieser Beispiele lässt sich ein Eindruck gewinnen, was Selbstregulation bedeutet und wie oft wir sie automatisch anwenden. Bestimmt ist Ihnen auch schon ein Beispiel aus Ihrem Alltag in den Sinn gekommen, in dem Sie sich selbst reguliert haben. Was Sie womöglich erkannt haben ist die Tatsache, dass bei der Selbstregulierung immer logische Argumente mit im Spiel sind. Und das ist die Essenz bei der Selbstregulierung; dass Sie mit Hilfe der Vernunft, die keimenden Emotionen überdenken und analysieren, um sie schließlich zu beherrschen und kontrolliert einzusetzen.

Aus vorangegangenen Kapiteln wissen Sie bereits, dass Ihre Emotionen immer ein Spiegel zu Ihrer aktuellen Situation sind und Ihnen auf der Basis von bereits gesammelten Erfahrungen zeigen, wie Sie diese Lage wahrnehmen. Dabei reagieren Emotionen besonders auf bedrohliche und möglicherweise schmerzhafte Situationen, die abgewendet werden sollen. Dies erweitern wir nun im Kontext zur Selbstregulierung mit dem Begriff der Bedürfnisse. Bedürfnisse sind ganz klar ein Gut Ihrer selbst, welche Ihre Emotionen vor Bedrohung schützen bzw. erfüllen möchten.

Deshalb möchte ich von zwei Arten der Selbstregulierung sprechen. Die erste Art bezieht sich auf unsere ursprüngliche Idee der Gefühle, die wir regulieren möchten, wenn Sie unangemessen auftreten (würden). Womöglich war das auch Ihre erste Idee, welche Bedeutung und Sinnhaftigkeit in der Selbstregulierung steckt. Die zweite Art der Selbstregulierung schließt ein größeres Feld mit ein, das unsere Bedürfnisse, Ziele und Werte beinhaltet. Ein gutes Beispiel, was damit gemeint ist, können Sie in der zuvor aufgeführten Situation sehen, in der Sie sich auf eine Prüfung vorbereiten, um ein höheres Ziel zu erreichen. Auch den Bereich neue Gewohnheiten zu etablieren, wie der zu Anfang aufgeführte Exkurs, fällt in den zweiten Teil der Selbstregulierung.

TEIL I: EMOTIONEN HANDHABEN

Diskussion; im Büro, mit Ihrem Partner oder einem anderen Bekannten oder Verwandten. Das Thema ist Ihnen wichtig und Sie merken bereits, dass Sie emotional verwickelt sind. Dennoch können Sie vernünftig argumentieren. Dann ein Gegenargument, das Ihnen sofort den Kamm schwellen lässt. Zorn brodelt, wie in einem Vulkan und droht auszubrechen. Da Sie aber schon emotionaler Intelligenz-Meister auf Stufe eins sind, erkennen Sie den Zorn sofort und können ihn klar benennen. Außerdem sehen Sie die Wurzel des Zornes und wissen, dass es Sie verletzt (weil Ihr Selbstbild in Gefahr ist, Sie scharfe Kritik ernten und das sehr persönlich nehmen etc.). Heißt, Sie schwelgen nun in der Wut und versuchen, Sie zu kontrollieren, aber sie ist stark und Sie haben das Verlangen dieser Wut Luft zu machen. Was können Sie also tun?

Time Out

Wenn Sie merken, dass die Wut in Ihnen kocht und Sie keine andere Möglichkeit sehen, Sie anders zu kontrollieren und eine Diskussion nicht vernünftig fortführen können, dann ist die non plus Ultra Regel: erst einmal den Reiz zu unterbrechen; Schotten dicht; Pause! Wut kann durch viele kleine Impulse zu einem sehr großen angesammelt werden und ausbrechen. Wenn Sie wütend sind, versetzt es Ihren Körper in einen länger anhaltenden Zustand, den der Volksmund als "Gereiztheit" bezeichnen würde. Dabei werden in Ihrem Körper allerhand Hormone und Neurotransmitter freigesetzt, die diesen Zustand solange aufrecht erhalten, bis der Körper die Stoffe abgebaut hat. An einem "schlechten Tag", an dem Sie nach Hause kommen, sind Sie gereizt und könnten bei jedem noch so kleinen Ärgernis "in die Luft gehen". Schuld sind die Neurotransmitter, die Sie über den ganzen Tag hinweg in unterschiedlichen Situationen, die Sie genervt haben, angesammelt haben.

Dieser Mechanismus tritt auch in einem kurzen Zeitabschnitt auf und muss sich nicht erst über einen ganzen Tag hinweg aufbauen, wie in eben jener Diskussion. Wenn Sie also merken, dass Sie sich anders gerade nicht mehr helfen können, beschließen Sie eine Pause. Ihr Partner wird es bestimmt verstehen und Ihnen womöglich dafür dankbar sein, auch selbst einen klaren Kopf zu bekommen und die Situation neu zu betrachten. (Intervenieren Sie als anstrebender Großmeister auch dann, wenn Sie das Gefühl haben, dass Ihr Partner emotional so gefangen ist, dass eine Pause guttun würde). Sagen Sie: "Hey tut mir leid, die Diskussion geht mir sehr nahe und ich merke, dass ich gerade eine Pause brauche, um den Kopf wieder frei zu machen." Oder nennen Sie es beim Wort: "Ich spüre, wie das letzte Argument Wut bei mir ausgelöst hat. Ich möchte nicht den Zorn die Oberhand gewinnen lassen, also schlage ich eine Pause vor, damit wir dann vernünftig weiterdiskutieren können."

Klingt das seltsam für Sie? Das ist in Ordnung. Fragen Sie sich aber kurz: Wie fände ich es, wenn mir mein/e Partner/in das mitteilen würde? Wären Sie nicht froh darüber, dass er/sie seine Gefühle mit Ihnen teilt und diese Offenheit und Ehrlichkeit besitzt und Ihnen somit Vertrauen entgegenbringt, dies Ihnen gegenüber zu äußern? Und noch dazu zeugt es von Stärke, dass er/ sie sich selbst so gut kennt und Rücksicht auf Sie nimmt. Noch dazu heißt es, dass er/ sie an einer richtigen Lösung interessiert ist, bei der nicht zu extreme Emotionen im Wege stehen sollen.

Sie kennen bestimmt das beruhigende Gefühl nach einer Pause oder während einer Pause. Sie sind sauer; machen einen Spaziergang und merken dabei, wie Sie zur Ruhe kommen. Der Ärger verraucht und Sie kommen ausgeglichen wieder zurück. Sinn und Zweck der Pause ist es, dem Körper die Zeit zu geben, die aufgebauten Hormone und Transmitter wieder abzubauen, das nur dann passieren kann, wenn keine neuen hinzukommen. Das bedeutet, dass keine neuen Reize eintreffen sollten, die Sie wütend machen. Von dem her ist es wichtig, sich in dieser Pause nicht mit dem Ärger und der Situation zu beschäftigen, wodurch Sie den Zorn weiter in sich hineinfressen können – Sie wissen, dass Sie auch über das Nachdenken von Gefühlen eben diese auslösen können. Also lautet die Devise: Ablenkung. Machen Sie etwas, das Sie von dem Zorn ablenkt und denken Sie nicht darüber nach. Sie können **Meditieren** oder in Ihren **Inner Space** gehen und sich dort in Ihre Traumwelt legen und wohl fühlen. Lesen Sie ein Buch, gehen Sie spazieren, kochen Sie etwas, brühen Sie einen Tee auf oder spielen Sie ein Handyspiel (bei dem Sie sicher sind, dass es Sie nicht aufregen wird).

Wie sieht es nun im Beruf aus. Während einer Debatte oder Diskussion in einer Abteilung können Sie nicht einfach zur Pause rufen, außer Sie sind der Chef. Hier haben Sie die Position eine Diskussion als "zu hitzig" einzustufen und deshalb eine Meetingpause zu veranlassen, insofern sich die Gelegenheit bietet. Trauen Sie sich das auch ruhig. Andernfalls gibt es noch die Position des Mitarbeiters für Sie, in der Sie an dem Gespräch teilnehmen und der nicht die Option hat. kurzer Hand einen

Time Out hinzulegen.

Es lässt sich dazu sagen, dass Sie in der Arbeit meist auf gegensätzliche Meinungen stoßen, die bei einer Diskussion auftreten, in der es um ein Projekt der Firma geht. Sie haben also einen größeren "Puffer" an logischen Argumenten, die Sie Ihrer Wut entgegenhalten können. Damit meine ich, dass Sie sich von dem Problem selbst weiter distanzieren können und es meist nicht um Beziehungsfragen geht, die Sie persönlicher betreffen, sondern um vergleichsweise neutrale Themen. Wie Sie Ihre Gefühle angemessen kommunizieren und sich auch mit Ihren Kollegen besser in derartigen Situationen verständigen können. werden Sie in den weiteren Meisterschaftsstufen kennenlernen. Vorerst soll hier das Augenmerk daraufgelegt werden, wie Sie selbst aus Ihren Emotionen "aussteigen" können und sie kontrollieren können.

Den Blickwinkel ändern

Was also, wenn der **Time Out** nicht angemessen ist oder für Sie nicht in Frage kommt? Natürlich gibt es "harmlosere" Möglichkeiten, die sich auch zuerst anbieten. Ich sage: der **Time Out** ist Ihr "worst case" und die Notbremse. Nachdem alles ein Trainingseffekt ist, kann es auch gut sein, dass Sie diesen Time Out auch anwenden, um wirklich selbst zu wachsen und die Meisterschaft zu vollenden. Im Nachhinein überlegen Sie sich, was Sie hätten besser machen können und beim nächsten Mal machen Sie es schließlich besser und brauchen nicht mehr die Notbremse. Scheuen Sie sich deswegen aber bitte nicht, Sie zu ziehen, sondern ändern Sie bereits darauf schon Ihren Blickwinkel. "Notbremse" hat einen negativen Beigeschmack; aber es ist Ihr Mittel zum Zweck, um Ihre emotionale Intelligenz zu verbessern. Einen Streit vom Zaun zu brechen und sich deswegen drei Tage schlecht zu fühlen, hat einen noch bittereren Geschmack meinen Sie nicht? Deshalb ist es gut und ein wichtiger Schritt, diese Methoden anzuwenden. Mensch! Ist doch super, dass Sie diesen Schritt gehen und sich an die Methoden im Streit halten. Sie zeigen Engagement und den Willen, an sich zu arbeiten.

So ändert man den Blick auf die Dinge. Die beiden effektivsten Methoden den Blickwinkel zu ändern sind **Optimismus** und **Humor!**

Optimismus

Zu Optimismus muss ich Ihnen denke ich nicht viel erzählen, denn Sie wissen vermutlich, was es ist. Ich kann Ihnen von zwei Gläsern berichten, die halb leer sind oder halb voll oder davon, dass es schon oder erst 12 Uhr ist und Sie bereits den halben Tag verbraucht haben oder noch den halben Tag vor sich haben. Optimismus ist eine grundlegende Lebenseinstellung, die sich trainieren lässt und Sie fröhlicher und erfolgreicher macht. Neben dem Optimisten gibt es noch den Pessimisten, bei dem alle Gläser halb leer sind und der Tag schon fast vorbei ist. Daneben gibt es noch den Realisten, der Situationen mit seiner Vernunft möglichst wahrheitsgetreu abschätzt und sich keine allzu großen Hoffnungen und Träume machen möchte.

Daran ein Realist zu sein, ist nichts auszusetzten. In einigen Situationen dürfen aber sogar Realisten zu Optimisten werden und die Welt kurz hoffnungsvoll glänzen sehen. Machen Sie sich in Situationen, denen Sie ausgeliefert sind, bewusst, dass es auch einen Nutzen für Sie geben kann und versuchen Sie, anstatt Ihres Ärgers, das Gute darin zu sehen. (Das ist gleichzeitig eine gute Ablenkung, um weiteren Zornreizen auszuweichen, in dem Sie Ihr Gehirn damit beschäftigen, etwas zu finden, das die Situation hoffnungsvoller und erträglicher macht). Wenn Sie also damit beauftragt werden, mit einem Kollegen ein Projekt zu bearbeiten, Sie diesen allerdings nicht leiden können, dann gehen Sie optimistisch an die Sache heran und denken Sie sich, Sie trainieren damit Ihre Belastungszonen und verlassen Ihre Komfortzone. Außerdem ist das Projekt nur auf eine begrenzte Zeit angesetzt, womit Sie auch ein Ende in Sicht haben.

Das Schöne am Optimismus ist, Sie können ihn wirklich überall anwenden und selbst in absurdesten Situationen eine positive Sache finden, die Sie schließlich auch noch schmunzeln lässt. Auch wenn Sie im Stau stehen, zu Ihrem Mitarbeitergespräch zu spät kommen, von dem Ihre Beförderung abhing und Ihr Partner Sie verlassen hat, gibt es immer noch Dinge, die positiv sind. Zum Beispiel haben Sie zum Glück ein Cabrio, während Sie im Stau stehen und es scheint die Sonne. Sie können also richtig schön Vitamin D tanken. Und vergessen Sie nicht, Sie hätten womöglich in dem Unfall verwickelt sein können und könnten im Sterben liegen. So gesehen hat es doch sein Gutes "nur" im Stau zu stehen. Machen Sie sich gegebenenfalls eine Liste in Ihr Gefühlstagebuch mit 15 Dingen, über die Sie froh sind und für die Sie dankbar sind. Wenn Sie schließlich am Boden sind, sich von Ihren Emotionen davontragen lassen, oder mal einen Ausblick darauf brauchen, dass es auch noch Dinge in der Welt gibt, die Sie trotz allem noch haben, dann lesen Sie sich Ihre Liste durch. Darauf können Sachen stehen, wie genug zu essen, ein Dach über dem Kopf, die Sonne, die Infrastruktur, WLAN, Gesundheit, Frieden, etc. Es ist gar nicht so einfach, diese 15 Dinge zu finden, aber nehmen Sie sich Zeit und denken Sie einmal ausführlich darüber nach.

Humor

Kennen Sie den Moment, in dem Sie ganz klar Ihre Gefühle wahrnehmen, wissen warum Sie auftreten und noch die Möglichkeit haben, Sie zu kontrollieren, aber wirklich versucht sind, Sie rauszulassen? Sie wollen diese Emotionen gar nicht angemessen regulieren, sondern Sie genießen es, in dieser Emotion zu Schwimmen oder sind noch einmal, beispielsweise zorniger, um Ihrem Gegenüber nicht die Genugtuung zu geben, dass er Sie zu diesem Punkt gebracht hat und Sie unter keinen Umständen nachgeben wollen.

"Ein Lächeln ist die schönste Art, seinem Gegner die Zähne zu zeigen!", lautet ein Spruch, der mich auch selbst immer wieder schmunzeln lässt und es ist tatsächlich sehr einfach. Wenn Sie sich wieder einmal in einer Situation befinden, in der Sie Ihre Emotionen eigentlich nicht abgeben möchten, lächeln Sie einfach mal. Sie werden damit nicht mehr aufhören können und sich als nächstes denken, wie Sie dieses – verzeihen Sie den Ausdruck – "bescheuerte" Lächeln wieder loswerden. Denn dieses Lächeln wirkt auf den Körper wie eine Aufputschdroge und befreit ihn von den giftigen Gedanken und Gefühlen, weshalb er diesen Balsam dankend annimmt.

Weiterhin lässt sich sagen, dass es nicht nur in der akuten Situation hilfreich ist, sondern auch einen präventiven Nutzen hat, wenn Sie über sich selbst lachen können und sich nicht immer so ernst nehmen. Sehen Sie Ihr Missgeschick mit Humor, anstatt sich darüber zu ärgern und sich selbst scharf zu kritisieren. Sie haben auf Ihr neues Hemd gekleckert? Mensch, vielleicht bin ich doch noch zu klein für den großen Stuhl am Erwachsenentisch!

TEIL II: ERWEITERTE SELBSTREGULIERUNG

Wie bereits angesprochen, handelt es sich bei diesem Teil der Selbstregulierung, um einen erweiterten Kontext, der sich nicht mehr auf die akuten Emotionen bezieht, die in einer Situation auftreten können, sondern um Emotionen, die Sie bei Ihren Zielen und Ihren Entscheidungen beeinflussen. Außerdem wird hier der Begriff der Bedürfnisse gewählt, der die beschriebenen Argumente verständlicher werden lässt. Dennoch lässt sich sagen, dass diese "Bedürfnisse" auf einer emotionalen Basis fußen und unter dem Einfluss der Gefühle stehen.

Für Goleman gab es dahingehend einige Parameter, die für eine ausgeprägte Selbstregulierung sprechen. Selbstkontrolle, Vertrauenswürdigkeit und Gewissenhaftigkeit, Selbstverantwortlichkeit, Innovation und Anpassungsfähigkeit (Irina Bosley, 2018). In diesem Kapitel lernen Sie sich sehr ausführlich kennen und auch zu akzeptieren, welches ein sehr großer Schritt ist, zu mehr Selbstliebe und Selbstbewusstsein und Sie sich nicht mehr selbst unterdrücken müssen. Sie sind sich selbst genauso bewusst, wie Sie es über Ihre Gefühle sind und können sich schließlich auch genauso regulieren, wie Ihre Gefühle.

Selbstkontrolle

Eine philosophische Ausrichtung in der Antike war die Philosophie Epikurs. Die Epikureer befanden das Empfinden von Lust als das höchste Gut, das zum Glück führt. Mit Lust ist im eigentlichen Sinne nicht der frühlingshafte Drang, seine biologische Fitness zu verbessern gemeint – zu Deutsch: es geht nicht um die Lust beim Sex -, sondern um die Idee, bei einer Sache Lust im Sinne von Freude und Spaß daran zu finden. Ein Stück Brot zu essen ist zwar schön und gut, aber eine saftige Torte würde Ihnen besser schmecken, oder nicht? Somit würde die Torte mehr Lust bereiten. Darauf aufbauend entwickelte sich das sogenannte "Lustkalkül", das eine Situation beschreibt, in der bewusst auf Lust verzichtet wird oder sogar extra Schmerzen aufgenommen werden, damit Sie später mehr Lust empfinden. Ein klassisches Beispiel bietet der Besuch bei einem Arzt.

Angenommen Sie müssen operiert werden. Dies wird im ersten Moment weh tun, also nehmen Sie Schmerzen auf sich, sodass Sie jedoch später nicht an einem entzündeten Blinddarm leiden oder sterben. Die frühzeitige OP und somit die bewusste Aufnahme von Schmerz bereitet Ihnen später einen größeren Komfort/eine größere Lust, weil Sie nicht die schmerzhaftere Tortur eines entzündeten Bilddarms durchstehen müssen.

Wenn Sie sich nun den Begriff der Selbstkontrolle vor Augen führen, so ist das Lustkalkül ein Teil davon. Die Selbstkontrolle beschreibt nämlich die Fähigkeit, störende impulsive Emotionen zu kontrollieren und dadurch einen Mehrwert zu gewinnen. Nach einem Streit mit dem Partner ist Ihr erster Impuls womöglich, Ihre sieben Sachen zusammenzusuchen und sich von dieser streitsüchtigen Person zu entfernen und auszuziehen. Im Nachhinein wird es allerdings besser sein, (eine größere

Lust bereiten) sich selbst von diesem Schritt abzuhalten und die Situation zu bereinigen bzw. in der Wohnung zu bleiben und eine vernünftige Lösung zu finden. Sie schaffen es also, Ihre Emotionen unter Kontrolle zu halten. Dieser Punkt erfüllt die wesentlichen Aspekte aus Teil I und bedeutet Gelassenheit und einen klaren Kopf zu bewahren, vor allem dann, wenn eine Situation stressig und hitzig wird, wie beispielsweise bei einer Konfrontation/Diskussion oder bei Entscheidungen. Dahingehend wurden bereits einige Methoden zur Verbesserung dieser Fähigkeiten in Teil I vorgestellt.

Die Übung wird es Ihnen jedoch erst ermöglichen, diese Fähigkeit vollkommen befriedigend und bewusst in den nötigen Situationen anzuwenden. Sobald Sie Ihre Gefühle erkennen, können Sie auch Einfluss darauf nehmen und Ihr Ziel, einen klaren Kopf zu behalten umsetzten.

Vertrauenswürdigkeit und Gewissenhaftigkeit

Der Punkt Vertrauenswürdigkeit und Gewissenhaftigkeit liegt sehr eng mit dem nächsten Parameter, der Selbstverantwortung, zusammen und sie ergänzen sich in einigen Punkten. Vertrauenswürdigkeit und Gewissenhaftigkeit sind große Begriffe in der heutigen Welt. Die Vertrauenswürdigkeit bietet dahingehend eine wichtige Basis für zwischenmenschliche Beziehungen und Verantwortung, wie auch die Gewissenhaftigkeit sehr positiv bewertete Eigenschaften in Menschen anspricht; darunter: Pflichtbewusstsein, Zuverlässigkeit und Disziplin. Dabei ist es nicht nur wichtig, von anderen so gesehen zu werden, sondern auch von sich selbst zu wissen, dass Sie diese Eigenschaften besitzen.

Nun stellt sich die Frage, was es bedeutet, diese Eigenschaften zu besitzen und auszuleben und wie Sie sie verbessern können. Dafür gibt es einige Faktoren, welche von hoher Vertrauenswürdigkeit und Gewissenhaftigkeit zeugen und diese fördern.

Der wichtigste Punkt ist **Ehrlichkeit!** Ehrlich zu sein baut definitiv Vertrauen auf, oder sehen Sie das anders? Dahingehen ist es allerdings nicht nur wichtig, zu anderen ehrlich zu sein, sondern auch zu sich selbst. Im Zusammenhang mit Ihren Bedürfnissen und dem Gefühlstagebuch lässt sich sehr gut analysieren, ob Sie ehrlich zu sich selbst waren. Stellen Sie sich am Abend die Frage, ob Sie mit allen Entscheidungen, die Sie getroffen haben, zufrieden sind? Sie werden womöglich schnell merken, dass Sie bei der ein oder anderen Sache ein mulmiges Gefühl oder auch Unlust verspüren. Haben Sie zugesagt bei dem Umzug einer Bekannten zu helfen, aber nur um die höfliche Etikette zu wahren? Dann verspüren Sie womöglich Reue und haben eigentlich keine Lust darauf. Wenn Sie also ehrlich zu sich gewesen wären, hätten Sie den Umzug dankend abgelehnt.

Methode 1: Sagen Sie einen Tag in der Woche "Nein!". Lernen Sie, nein sagen zu können. Dies ist oftmals eine harte Sache, da Sie es ja gut meinen und kein "Arsch" oder "Egoist" sein wollen. Versuchen Sie jedoch einmal, einen vollen Tag ehrlich zu sich und somit auch zu anderen zu sein, indem Sie zu Ihrer Meinung stehen und wenn Sie versucht sind "Nein" zu sagen, es sich nicht nur denken, sondern auch tun.

Methode 2: Analysieren Sie in verschiedenen Situationen, die Ihr Tagebuch füllen und bei denen Sie nicht wirklich ehrlich waren, Ihre Gefühle und deren Ursprung. Überlegen Sie sich daraufhin, wie Sie am liebsten reagiert hätten, sodass Sie sich am wohlsten Gefühlt hätten und vergleichen Sie die dabei empfundenen Emotionen mit den ursprünglich notierten.

Da Ehrlichkeit das wichtigste Instrument in diesem Punkt ist, stelle ich Ihnen kurz die anderen Parameter vor, wobei Sie merken werden, dass alle sogleich erfüllt sind, wenn Sie sich gegenüber treu und ehrlich sind.

Vorbildlich handeln: Ein Vorbild zu sein bedeutet ethisch und vorgeschrieben zu handeln. Dabei ist jedoch nicht gemeint, dass Sie der neue Messias sein müssen, sondern, dass Sie nach Ihren ethisch korrekten Vorstellungen handeln. Dazu gehört auch, dass Sie nicht bei Rot über die Ampel gehen, während kleine Kinder in der Nähe sind. Hören Sie hierbei auf Ihr Gewissen. Haben Sie das Gefühl, sich falsch verhalten zu haben, hinterfragen Sie sich selbst, ob Sie sich Ihrer Meinung nach ethisch korrekt verhalten haben.

Zu den Fehlern stehen können: die Überschrift ist denke ich sehr aussagekräftig und Bedarf nicht viel Erklärung. Auch hier können Sie jedoch erkennen, dass sich dieser Punkt von selbst erledigt, wenn Sie sich an die Ehrlichkeit halten. Fehler zu machen, ist eine grundlegende Eigenschaft des Menschen und absolut notwendig. Denn nur durch Fehler können wir etwas verbessern und uns somit weiterentwickeln. Denn jeder Fehler beinhaltet eine Chance. Stehen Sie dazu, dass Sie Fehler machen. Es ist menschlich. Man wird Sie mit anderen Augen sehen und Sie werden sich selbst nicht nur besser leiden können, weil Ihr Gewissen beruhigt ist, sondern Sie können an einem Fehler arbeiten, sobald Sie zugeben, dass er besteht. Zeigen Sie also nicht mehr auf andere und suchen die Schuld im Außen, sondern bleiben Sie bei sich und stehen Sie zu sich und Ihren Entscheidungen und "Fehlern". "Wer hat das Glas kaputt gemacht?"; "Tja, ich war das und es tut mir leid. Ich hoffe, dass ich künftig nicht so tollpatschig bin. Soll ich das Glas ersetzen?". Werden Sie sich nicht wohler fühlen und auch viel mehr Sympathie ernten, als wenn Sie sagen, dass Ihr Sohn, der noch nicht einmal sprechen kann, wohl mit dem Ellenbogen daran gekommen ist. Brauchen Sie wirklich einen Zweijährigen, der für Ihre Fehler geradestehen soll?

Die eigene Meinung und Werte vertreten: Ehrlichkeit? Erfüllt diesen Grundsatz. Um überhaupt zu wissen, welche Wertevorstellungen Sie besitzen, ist es ratsam, sich für einen Nachmittag hinzusetzen und zu überlegen, welche Werte Sie eigentlich vertreten. Machen Sie sich eine kleine Liste von "no goes" und versuchen Sie, diese in einer positiven

Wortwahl als Wert wiederzugeben. Ein Beispiel: Ich mag es nicht, wenn Tischmanieren missachtet werden.

Ihr Wert: Tischmanieren sind für mich wichtig und sie sollten eingehalten werden. Die Idee hinter dieser Sache ist, dass Sie zum einen natürlich selbst Ihre Werte (und Moralvorstellungen) einhalten und vorleben und zum anderen eine Meinung und eine klare Vorstellung haben, in welchem Alltag und in welcher Umgebung Sie leben möchten. Damit will ich Sie nicht dazu anstacheln, als Missionar Ihre Umwelt nach Ihren Vorstellungen zu gestalten, sondern Sie darauf aufmerksam machen, Ihre Umwelt bewusster wahrzunehmen und auszuwählen. Außerdem können Sie somit klar kommunizieren, woran Sie sich stören und einen klaren Standpunkt vertreten. Inwieweit es relevant ist, dass Ihre Kollegin aus der anderen Abteilung nun die Essmanieren in der Kantine einhält oder nicht, wenn Sie einmal im Monat mit Ihr zusammen essen, müssen Sie selbst entscheiden. Handeln Sie also nach den Ihrer Meinung nach richtigen Moralvorstellungen.

Selbstverantwortung

Wie das Wort bereits verrät, geht es darum zu lernen, Verantwortung für sich selbst zu übernehmen. Heißt, Sie sollten beginnen, Verantwortung für Ihre Fehler und Entscheidungen zu tragen, aber auch erkennen, dass Sie allein Ihr Leben in der Hand haben und gestalten können. Sie allein tragen die Verantwortung dafür, dass Sie jetzt in dieser Situation in Ihrem Leben sind und Sie allein sind die einzige Person, die diese Situation ändern kann. Werden Sie also aktiv und gestalten Sie Ihr Leben. Formulieren Sie dazu fünf oder auch mehr Ziele, die Sie in Ihrem Leben oder auch in naher Zukunft erreichen möchten und überlegen Sie sich dann, welche Schritte Sie einleiten müssen, um zu diesem Ziel zu kommen. Sie möchten beispielsweise ein eigenes Haus besitzen. Legen Sie fest, wo Sie wohnen wollen. Finden Sie heraus, welchen Kredit Sie aufnehmen können. Beginnen Sie einen Nebenjob oder schulen Sie um, etc. Übernehmen Sie das Ruder auf Ihrem Schiff, das Sie durch Ihr Leben trägt.

Innovation

Dieses schöne Wort lässt sich auch optimal mit "Komfortzone verlassen" oder "Offenheit" übersetzen. Wer es schafft, aus seinem starren Denken und seinem "Alltagstrott" auszubrechen, schüttelt Vorurteile und Denkmuster ab, wodurch er in der Lage ist, besser auf andere einzugehen und sich in diese hineinzuversetzen.

Dies ist eine voraussetzende Eigenschaft für Empathie und zwischenmenschliche Beziehungen und beginnt bei Ihnen selbst und Ihrer inneren Haltung. Hinzukommt eine geistige Flexibilität, die Ihr Leben spontaner und abwechslungsreicher werden lässt. Dabei sind Kreativität und Risikobereitschaft gefragt. Wie passt das jetzt miteinander zusammen und wie kann man das einfach so entwickeln? Beide Eigenschaften eröffnen Ihnen neue Weg in Ihrem Leben und lassen Sie Ihre bisherige Komfortzone verlassen. Trainieren können Sie beides auf sehr einfache und auch amüsante Art und Weise. Eine Möglichkeit ist es, den Alltag hinter sich zu lassen und sich für sich zurückzuziehen. Gehen Sie spazieren und lassen Sie Ihre Gedanken fließen. Dabei werden Sie merken, dass Ideen auftauchen, die Sie womöglich noch nie gehabt haben. Versuchen Sie auch einmal, andere Routen zu gehen oder setzen Sie sich auf einen anderen Platz an Ihrem Esstisch und nicht wie gewohnt auf Ihren Stammplatz.

Fahren Sie mal mit dem Fahrrad zur Arbeit oder hören Sie Musik, die Sie normalerweise nicht hören. Beschäftigen Sie sich mit neuen Reizen, indem Sie nur kleine Veränderungen in Ihren Alltag einbauen und etwas nicht immer aus derselben Gewohnheit machen.

Eine weitere Möglichkeit, Ihre Kreativität zu Schulen und Ihr Innovationsvermögen zu verbessern besteht darin, eine Liste mit Aktivitäten und Ausflugszielen anzulegen, die Sie gerne mal wieder machen, oder auch einmal ausprobieren wollen. Wenn sich dann die Gelegenheit bietet, nehmen Sie sich einen Punkt aus der Liste heraus und ziehen Sie es durch. Sie wollten mal wieder den Tierpark besuchen? Heute ist Zeit dafür, also los. Oder Sie möchten mal in einen Kletterpark schauen, oder Bogenschießen gehen? Machen Sie diese Erfahrungen, auch wenn Sie womöglich unkonventionell sind.

Und damit leite ich zum nächsten Punkt über: die Risikobereitschaft. Gehen Sie das Risiko ein, dass eine bestimmte Aktivität auf Abwertung stoßen kann, weil es eine unpopuläre Zeitbeschäftigung ist. Gehen Sie bewusst dieses Risiko ein und beobachten Sie Ihre Gefühle davor und danach.

Die lustigste Art und Weise, seine Risikofreude auszuprobieren, sind Brettspiele. Nehmen Sie ein Spiel zur Hand und versuchen Sie mit einer Methode zu spielen, mit der Sie noch nie gespielt haben und entscheiden Sie sich bewusst unvernünftig. Lassen Sie Ihre Taktik unvernünftig sein. Wählen Sie zum Beispiel einmal das andere Geschlecht und versuchen Sie, diese Rolle zu spielen oder kaufen Sie sich bei Monopoly erst nach einer Umrundung eine Straße. Handeln Sie immer entgegengesetzt dessen, wie Sie als erstes überlegt haben zu spielen. Sie werden sehen, dass es eine völlig neue Spielerfahrung ist und Sie werden sehen, dass Risiko nicht immer negativ ist.

Anpassungsfähigkeit

Anpassungsfähigkeit und Flexibilität sind heutzutage in fast jedem Job gefragt und bieten Ihnen eine große Chance sich zu entwickeln; insofern Sie sie mitbringen und dem gegenüber offen sind. Bei der Anpassungsfähigkeit geht es allerdings nicht nur um flexible Arbeitszeiten und -orte, sondern auch um die Einstellung zu Veränderung und um Ihre mentale Anpassung. Eigenschaften wie Innovation helfen Ihnen, eine höhere Anpassungsfähigkeit an den Tag zu legen, genauso wie die Übungen neue Perspektiven und Wege im Alltag einzugehen und Risiken zuzulassen. Anpassungsfähigkeit kommt Ihnen dann zu Gute, wenn es darum geht, schnell Ihre Emotionen abstimmen zu müssen oder Situationen anders zu betrachten und an sie heranzugehen. Wenn in einem Verkaufsgespräch Ihre Taktik mit sachlichen Argumenten zu überzeugen nicht aufgeht, sollten Sie sich neu an die Situation anpassen, wobei Sie sich auch nicht von Ihren bisher aufgebauten frustrierenden Gefühlen aus der Ruhe bringen lassen und die Taktik zu ändern. Das könnte bedeuten, dass Sie sich in den "Käufer" versetzen und überlegen, was er braucht und worauf er aus ist. Welche Emotionen müssen Sie dann in ihm auslösen?

Fazit

Im ersten Moment hören sich die einzelnen Parameter sehr anstrengend, anspruchsvoll und verwirrend an. Wie soll ich mir das alles beibringen und will ich das überhaupt? Lassen Sie sich sagen, dass es hier nur eine theoretische Auflistung ist. In der Praxis sieht die Welt wieder ganz anders aus. Nehmen Sie daher nicht die Idee mit, was beispielsweise Innovation bedeutet und was Sie dafür erfüllen müssen, sondern probieren Sie die Übungen aus und beobachten Sie sich selbst dabei. Was passiert mit Ihnen in diesen Situationen? Wie fühlt es sich an? Welche neuen Erfahrungen konnten Sie gewinnen? Folgen Sie dem Motto: learning by doing! Lesen Sie nach dem Ausprobieren das Kapitel erneut und sehen Sie es bereits dann schon aus einer neuen Perspektive. Vielleicht erkennen Sie einige Ziele, die Sie erreichen wollten oder sehen Zusammenhänge schlüssiger und haben neue Ideen, um sich selbst weiterzuentwickeln. Nehmen Sie sich immer wieder Zeit, sich selbst zu reflektieren und vergessen Sie nie den Spaß an der Sache. Sie haben Lust, eine neue Methode anzuwenden? Probieren Sie es aus. Es zeugt bereits von Innovation. Sie merken, Sie haben einen Fehler gemacht und stehen dazu? Ideal! Ein Schritt zu Gewissenhaftigkeit und Selbstverantwortung. Es kann zwar kompliziert klingen, aber es ist gar nicht so schwer.

Stufe III: Emotionen in die Tat umsetzten – Motivation und Selbstmanagement

Willkommen auf der Stufe drei. Tatsächlich lässt sich der Übergang von Stufe zwei zu drei besser als Rolltreppe beschreiben, da die Fähigkeiten fließend sind und nicht eindeutig einer einzigen Stufe zugeordnet werden können. Da auf Stufe zwei bereits einiges aufgeführt wurde, wie Sie Emotionen nicht nur erkennen, sondern auch kontrollieren können, wird hier explizit darauf eingegangen, Ihre Emotionen für sich zu nutzen. Sie werden nicht mehr auf Emotionen reagieren, sondern aktiv Emotionen erzeugen, um weiterzukommen. Einfach ausgedrückt lernen Sie, Motivation bzw. Selbstmotivation kennen und anzuwenden.

„Sich selbst motivieren zu können bedeutet, Leistungsbereitschaft und Begeisterungsfähigkeit aus sich heraus entwickeln zu können. Wer diese Fähigkeit besitzt, verfügt über eine erhöhte Frustrationstoleranz und gibt bei Rückschlägen und Enttäuschungen nicht auf" (Irina Bosley, 2018). Demnach ist klar ersichtlich, dass von Motivation auch Erfolg abhängt. Jeder Profisportler, den Sie kennen, wäre nie zu seiner Leistung gekommen, wenn er einfach das Handtuch geschmissen hätte. Erst durch das Festhalten und Streben nach Ihren Zielen, durch das Aufstehen nach Niederlagen und Ausprobieren verschiedener Strategien, haben es diese erfolgreichen Personen geschafft, Einzigartiges zu vollbringen und Ihre Vision von sich selbst oder von dem, was Sie erreichen und bewirken möchten, verwirklicht. Und das macht Sie bekannt. Genau deshalb bewundern Sie womöglich jemanden wie Elon Musk, Mohandas Gandi oder Ihren Lieblingssportler. Wie können Sie es nun schaffen, zu der Person zu werden, die Sie immer sein wollten? Die Ziele zu erreichen, von denen Sie immer geträumt haben? Und die Einstellung von "Wo soll ich bloß anfangen, das schaffe ich doch nie!" zu "Erst wenn man Angst vor dem nächsten Schritt hat, weiß man, dass er groß genug ist!" zu verändern? Wandeln Sie Ihre Sorgen in Motivation und nutzen Sie Ihre Angst als Antrieb. Das ist das Selbstmanagement, das Sie erreichen möchten.

Was steckt also in hinter dem Begriff der Motivation? Das bzw. ein "Motiv" (movere; lat. bewegen). Motive lassen uns etwas bewegen. Sie und ich handeln also nach gewissen Motiven, die in Form von Bedürfnissen oder Zielen betrachtet werden, die wir erfüllen möchten. Jeder Mensch unterscheidet sich jedoch in der Bewertung seiner Motive; was bedeutet, dass er unterschiedlichen Motiven unterschiedliche Priorität beimisst. Sie kennen es bestimmt von sich selbst. So ist Ihnen beispielsweise ein bodenständiger Campingurlaub wichtiger, als eine Luxuskreuzfahrt durch die Karibik. Oder Sie fahren lieber einen normalen Wagen anstelle eines Ferraris, legen dafür aber mehr Wert auf eine gemütliche Einrichtung. Sie setzen also Prioritäten. Je nachdem, wie wichtig ein Motiv für Sie schließlich ist, werden Sie eine höhere Motivation und Frustrationsgrenze aufbauen und zugleich auch mehr investieren wollen, um Ihr Bedürfnis, sprich Ihr Motiv, zu befriedigen.

Neben Grundmotiven wie Hunger und Durst gibt es "[...] drei zentrale menschliche Motivatoren: Anerkennung (Du bist gut!), Macht (Du bist der Chef!) und Anschluss (Ich mag dich!) [...]" (Irina Bosley, 2018). Motivation kann verstärkt werden, indem Sie sich selbst loben, Lob erhalten oder auch Lob geben (um andere Menschen zu motivieren). Weiterhin ist es wichtig, selbst zu erkennen, dass Sie Fortschritte machen, wodurch Ihre Stärke auf einem Gebiet zunimmt und mit dem "Besserwerden" auch die Motivation steigt.

Für Motivation und das Erreichen von Zielen haben Sie bereits eine gute Grundlage an Eigenschaften kennengelernt und sogar schon aufgebaut. Verantwortung zu übernehmen, Ehrlichkeit zu sich selbst, Innovation und Anpassungsfähigkeit sind sehr wichtige Fähigkeiten, die zu Ihrer Motivation und der dahinter verborgenen Umsetzung von Zielen beitragen. Einzelne Kompetenzen sind hier noch einmal zu betonen und/oder zu ergänzen. Als erstes sollten Sie sich jedoch bewusst machen, was Sie motiviert und was Ihre Ziele sind.

Meine Ziele

Was sind Ihre Ziele? Vielleicht kommen Ihnen soeben ein paar Gedanken und Bilder von den Dingen in den Sinn, die Sie beschäftigen. Eine Gehaltserhöhung. Ein eigenes Haus. Eine Familie. All das ist möglich. Nehmen Sie sich eine Liste zur Hand und schreiben Sie einmal alle Ihre Wünsche auf, die Ihnen in den Sinn kommen, ganz gleich, wie realistisch Sie sind oder nicht. Sie können auch schreiben, dass Sie gerne ein Einhorn haben möchten oder fliegen können. Wer die griechische Sage von Ikarus kennt, weiß, dass an der Idee des Fliegens etwas dran ist. Und die genetischen Methoden phänotypische Auswirkungen hervorzurufen werden auch immer besser. (Spaß beiseite). Fantasieren Sie ruhig ein bisschen, das ist mit ein Sinn dieser Übung. Falls Ihnen nichts einfällt, stellen Sie sich folgende Fragen: Wo möchte ich in zehn Jahren stehen, was will ich bis dahin erreicht haben? Was würde ich noch tun wollen, wenn ich nur noch ein Jahr leben würde? Haben Sie einige Ziele und Wünsche gesammelt? Dann kategorisieren Sie diese in Zeitpunkte, bis wann Sie diese Ziele gerne erreicht haben möchten. Es können auch offene Ziele bleiben, die Teil eines großen Ganzen sind und die Sie nur anstoßen wollen. Zum Beispiel möchten Sie ein Mittel gegen Krebs finden. Es treibt Sie an und Ihr Ziel ist erfüllt, wenn Sie sagen können, dass Sie einen wichtigen Beitrag geleistet haben, sodass Menschen, die nach Ihnen kommen, auf Ihren Fortschritten aufbauen können und somit das "Endziel" erreichen, ein Heilmittel gegen Krebs zu finden.

Wenn nun noch einige Wünsche – die fantasievollen –

übriggeblieben sind, dann überlegen Sie sich, was Sie so erfüllend an diesem Wunsch finden. Der Wunsch fliegen zu können. Warum wünsche ich mir das? Was ist das versteckte Motiv dahinter? Zum Beispiel Freiheit. Ist Ihr eigentlicher Wunsch also der Wunsch nach Freiheit? Probieren Sie es aus und hinterfragen Sie Ihre inneren Wünsche und Träume und welche Bedeutung es für Sie hat.

Die Vision eines Kindes

Denken Sie sich zurück in Ihre Kindheit. Sie sind etwa zehn Jahre alt und suchen eine Beschäftigung. Was hat Ihnen am meisten Spaß gemacht und was haben Sie gerne gespielt? Haben Sie gerne im Wald ein Lager gebaut oder Lego gespielt? Schreiben Sie es auf. Hinter diesen Beschäftigungen verbergen sich wahre Interessen, die Sie prägen. Wenn Sie zum Beispiel gerne Lego gespielt und sich verrückte Konstruktionen ausgedacht haben ist eine verborgene Fähigkeit dahinter Problemlösungsdenken, Designerdenken oder das Umsetzen von Ideen in etwas zum Anfassen. Überlegen Sie sich, welche Kompetenzen hinter Ihren Lieblingsbeschäftigungen stecken und finden Sie Ihre Motivation heraus, was Sie wirklich begeistert.

Kommen wir nun noch zur "Königsfrage". Die Frage nach Ihrer Vision. Auch hier sollten Sie sich in Ihr junges Ich versetzen und überlegen, was Sie als Kind von der Welt gedacht haben. Damals war für Sie alles möglich und Sie haben von allem Träumen können mit der Vorstellung, es wirklich zu erreichen. Was war Ihre Idee, die Sie umsetzen wollten, wenn Sie groß sind? Wollten Sie einen Wolkenkratzer bauen? Wollten Sie eine Farm mit Pferden besitzen? Wollten Sie Leben retten oder ein neues Raumschiff erfinden? Was war Ihre Vision als Kind bzw. Teenager? Finden Sie sie heraus und überlegen Sie (seien Sie wirklich ehrlich zu sich selbst), ist das immer noch eine Vision, für die Sie sich begeistern können? Bei der Umsetzung hilf Ihnen die praktische Anleitung für mehr Motivation und Ihre bisher aufgebauten Fähigkeiten.

Die Motivation starten

Sie haben Ihre Ziele gefunden? Sehr gut. Formulieren Sie diese nun konkret aus. Legen Sie fest, bis wann Sie dieses Ziel erfüllt haben möchten. Es geht erst einmal nicht darum wie, sondern nur darum, dass! Beachten Sie dabei, dass Sie auch einen gewissen **Anspruch an sich stellen.** Definieren Sie Ihre Ziele nicht zu klein. "Die größte Gefahr besteht für die meisten von uns nicht etwa darin, ein Ziel zu hoch anzusetzen und zu scheitern, sondern es zu niedrig anzusetzen und es zu erreichen." (Michelangelo) (Irina Bosley, 2018). Verwenden Sie Ihre neuen Eigenschaften: **Stehen Sie zu Ihrer Meinung und Ihren Werten; zeigen Sie Innovation und Risikobereitschaft, sowie Anpassungsfähigkeit. Übernehmen Sie Verantwortung für Ihre Taten.**

Erfolg visualisieren

Stellen Sie sich immer wieder vor, was passiert, wenn Sie ihr Ziel erreichen. Denken Sie sich in diese Situation hinein und fühlen Sie die Emotionen, die es in Ihnen auslöst. Schreiben Sie es in Ihr Gefühlstagebuch und lesen Sie es immer wieder durch. Lernen Sie, den Erfolg zu erwarten, als wäre es die einzige Möglichkeit, das das Gewünschte eintritt.

Erfolgstagebuch

Mit dieser Methode fördern Sie nicht nur Ihr Selbstwertgefühl, sondern auch Ihren Optimismus und Ihre Einstellung bzw. das Gefühl Erfolg zu haben. Denn wer gewohnt ist, Erfolg zu haben, zieht automatisch mehr Erfolg an. Machen Sie sich diese Denkweise zu Nutze.

Ein Erfolgstagebuch ist ähnlich wie ein Gefühlstagebuch. Am Abend jeden Tages notieren Sie sich, worauf Sie heute besonders stolz waren. Suchen Sie sich mindestens fünf unterschiedliche Punkte heraus; auch dann, wenn Sie behaupten, dass der Tag in allem nur schlecht war. Finden Sie jetzt die Punkte, die trotz allem gut waren. Es gibt immer welche und bei einem schlechten Tag können Sie trotzdem von sich behaupten, dass Sie es durchgezogen haben. Sie haben es ausgehalten und sind nicht aus der angespannten Lage aus dem Büro geflohen, sondern haben Sie bis zum Arbeitsende ertragen. Ist das nicht etwas, worauf Sie stolz sein dürfen? Versuchen Sie auch in schwierigen Situationen den Blickwinkel auf die positiven Seiten zu verändern. Anfangs müssen Sie möglicherweise länger darüber nachdenken, bis Sie Ihren Eintrag in das Tagebuch machen. Mit der Zeit achten Sie jedoch ganz automatisch darauf und denken sich zwischendurch "das muss in mein Erfolgsjournal!". Ich kann Ihnen diese Technik mit bestem Gewissen nur ans Herz legen.

Gedankenfestungen in Regenbögen verwandeln

Oftmals sehen wir einer Situation mit Händen über dem Kopf zusammengeschlagen und mit einem Anflug von Panik entgegen. Es ist ein einfaches Gefühl der Überforderung oder des Rückschlags. Was können Sie dagegen tun?

Schreiben Sie sich konkret auf, was das Schlimmste ist, das passieren kann! Schreiben Sie es wirklich auf, denken Sie es nicht nur! Was passiert also, wenn ich meine Semesterprüfung nicht schaffe? Schlimmstenfalls habe ich Sie nicht bestanden und ich werde Sie wiederholen müssen. Dadurch *kann* sich meine Regelstudienzeit verlängern.

Schreiben Sie dahingehend andere mögliche Ausgänge auf. Spielen Sie also einmal durch, was alles möglich ist, sowohl die positiven als auch die negativen Szenarien.

Schreiben Sie sich auf, was Sie konkret dagegen tun können, dass die negativen Szenarien nicht eintreten und was Sie dafür tun müssen, dass Sie einen positiven Ausgang der Situation erhalten.

Jetzt schnappen Sie sich eine neue Seite und schreiben alle To – Do´s auf, die anstehen. Ordnen Sie diese Aufgaben und arbeiten Sie sie ab. Visualisieren Sie immer wieder Ihren Erfolg, sprich das beste Ergebnis, das Sie sich erhoffen und erwarten.

Stufe IV: Empathie

Nun sind Sie auf der Stufe angekommen, in der es (endlich) nicht nur mehr um die eigenen Emotionen geht, sondern auch um die der anderen. Es war jedoch sehr wichtig erst einmal, die eigenen Emotionen kennenzulernen und wahrzunehmen, damit Sie überhaupt wissen und verstehen können, wie sich - im Falle der Empathie - der andere fühlt. Denn "[die] Grundlage der Empathie ist die Selbstwahrnehmung; je offener wir für unsere eigenen Emotionen sind, desto besser können wir die Gefühle anderer deuten." (Goleman, 29. Auflage 2019). Es ist die typische Eigenschaft "sich in andere hineinversetzen" zu können.

^ Diese Fähigkeit entwickelt sich bereits im Kindesalter und hält weiter an, bis hin zum Jugendalter. Dabei wird eine Emotion nach der anderen "erlernt". Wie Sie auch bereits aus den Basisemotionen wissen, können wir diese überall auf der Welt identifizieren. Jeder von uns besitzt ein Maß an Empathie. Die Fähigkeit, die Emotionen des Gegenübers nachzuempfinden oder auch sich denken zu können, wie der andere gerade empfindet. Dieses Einfühlungsvermögen hilft Ihnen, andere Menschen besser zu verstehen und Beziehungen aufzubauen und zu erhalten.

Die Vorteile der Besitzes von Empathiefähigkeit liegen auf der Hand: Sie können in Diskussionen die andere Seite besser verstehen und somit einen Kompromiss herbeiführen. Sie können in Verhandlungen auf die Bedürfnisse der anderen eingehen, wodurch Sie sich selbst und Ihr Produkt besser verkaufen. Sie können in privaten Beziehungen, wie in einer Liebesbeziehung, eine tiefere emotionale Basis und Verbundenheit erlangen. Man sucht Ihre Gesellschaft auf, da Sie das Gefühl "verstanden zu werden" vermitteln, hilfsbereit und aufmerksam sind. Dennoch sollten Sie davor gewarnt sein, dass ein Zuviel an Empathie auch negative Seiten annehmen kann. Stellen Sie sich dahingehend einmal vor, dass Ihnen jemand von einem sehr großen Problem erzählt, dass ich oder sie sehr aufwühlt. Sie erkennen seine/ihre Emotionen und können Sie nachempfinden oder Sie sogar selbst verspüren. Hierin liegt die Gefahr; sich in den Emotionen anderer zu verlieren. Wenn Ihr Empathieempfinden sehr stark ausgeprägt ist, übernehmen Sie automatisch die Gefühle der anderen und ihre Stimmungen. Es beeinflusst Sie und womöglich nicht immer zum Guten. Möchten Sie die Schwermut oder die Angst und Sorgen eines Kollegen auf sich nehmen? Ich denke, Sie haben genug eigene Sorgen und Emotionen, mit denen Sie umgehen müssen.

Lernen Sie also, Empathie zu empfinden und aktiv auf Gefühle und Emotionen Ihrer (näheren) Mitmenschen einzugehen und Sie zu identifizieren, grenzen Sie sich aber gegen den Einfluss dieser Gefühle ab, indem Sie sich gelichzeitig bewusst darüber sind, dass es nicht Ihre Gefühle sind. Eine sehr praktische Methode ist der "Inner Space". Wenn Sie merken, dass Ihnen die Emotionen der anderen zu nahe kommen, gehen Sie in Ihren Inner Space, in dem nur Sie und Ihre friedlichen Gefühle zu Hause sind und alles "Fremde" abgeschirmt wird. Außerdem ist es hilfreich, auf sich selbst zu hören und die "Nein-Methode" anzuwenden. Stehen Sie zu sich selbst und sagen Sie nein zu Situationen, in die Sie gebracht werden können und in denen Sie sich unwohl fühlen.

Hiermit ist nicht gemeint, mitten in einem Gespräch, in dem Ihnen ein guter Freund gerade das Herz ausschüttet, die Reisleine zu ziehen und ihn aus der Wohnung zu schmeißen, weil Sie das Gejammer nicht mehr ertragen. Machen Sie stattdessen im Vornherein klar, dass Sie zwar gerne ein offenes Ohr für ihn haben, aber heute Ihre Energie für einen "geilen Tag" nutzen möchten und er sich gerne anschließen kann, um mit Ihnen Spaß zu haben. Reden können Sie den Tag darauf. Nehmen Sie sich den emotionalen Raum, den Sie brauchen und Kommunizieren Sie Ihre Gefühle in solchen Situationen.

Empathie klingt sehr schlüssig und der Nutzen, sowie die

Grundlagen der Fähigkeit stehen fest, nur wie lässt sich das jetzt trainieren und umsetzen?

Der Alltag als Spielwiese

Da Sie sich bereits ausführlich mit Ihren eigenen Emotionen und der Selbstwahrnehmung beschäftigt haben, haben Sie schon eine sehr gute Grundlage aufgebaut, mit der Sie auch ohne weiteres Zutun, die Emotionen von Menschen besser verstehen und erkennen werden, ohne sich aktiv anzustrengen. Wenn ich Sie spontan fragen würde, wie sich diese Frau dort drüben wohl fühlt, die lächelnd in Ihrem Smartphone tippt, würden Sie vermutlich entgegnen, dass Sie sich freut oder sogar ein bisschen verliebt ist. Vermutlich schreibt Sie mit Ihrer besten Freundin oder einem Mann, den Sie begehrenswert findet.

Was passiert also, wenn Sie selbst aktiv auf Ihr Umfeld achten und noch mehr Zeit haben, dies zu üben? Beobachten Sie Menschen in den öffentlichen Verkehrsmitteln, Restaurants oder am Arbeitsplatz und überlegen Sie sich, was könnten diese gerade empfinden und gehen Sie vielleicht noch einen Schritt weiter und hinterfragen Sie die Gefühle. Wieso könnte diese Person so empfinden? Sie müssen diese Übung auch nicht immer vollkommen ernst nehmen. Haben Sie auch etwas Spaß daran. Sie sehen einen Jugendlichen aus dem Bus heraus, wie er telefoniert und wild mit den Armen herumfuchtelt. Offensichtlich ist er ziemlich empört und wütend. Woran kann das liegen? Vielleicht ruft ihn sein Vater gerade an, um ihn fragen, ob es in Ordnung war, dass seine Haushälterin die Playboysammlung unter seinem Bett entsorgt hat oder um ihm mitzuteilen, dass ab jetzt vegetarisch gekocht wird. Amüsieren Sie sich auch hin und wieder.

Optimalerweise haben Sie auch privat eine gute "Spielwiese". Beobachten Sie Ihre Freunde, Familie und Ihren inneren Kreis. Überlegen Sie, wie sich Ihr Bekannter fühlt und fragen Sie nach. "Ich habe gehört, dass du den Kühlschrank ziemlich streng zugemacht hast. Hat dich etwas erzürnt?". Somit können Sie sogleich Ihre Empathie schulen und Ihrem Freund helfen und über seine Probleme reden. Empathie ist doch eine schöne Sache, finden Sie nicht?

Empathie on screen

Diese Methode wird Ihnen bestimmt gefallen, wenn Sie gerne Filme gucken und auf der Couch oder im Bett liegen. Filme sind schließlich ausdrücklich dazu gedacht, Emotionen in uns zu bewirken. Dazu werden verschiedene Charaktere erstellt und die Aufgabe der Schauspieler ist es, diese Personen so echt und authentisch wie möglich zu spielen. Sie müssen sich dazu in die Lage versetzen, wie eine Person denkt und fühlt, woraus ihre Handlung resultiert.

Und hier sind Sie dran: suchen Sie sich eine Person am Anfang eines Films aus, optimalerweise den Protagonisten. Versuchen Sie, sich in ihn hineinzuversetzen und den Film aus seiner Perspektive zu erleben. Überlegen Sie sich diese Person für die Dauer eines Film zu sein und empfinden Sie die Emotionen nach. Überlegen Sie sich, wie Sie sich als Monsieur Claude fühlen, wenn Ihre Töchter alle einen Freund mit anderer Herkunft haben. Versetzen Sie sich in seine Lage. Wenn Sie das gut können, dann probieren Sie es auch einmal mit dem Antagonisten aus. Diesen zu verstehen fällt im ersten Moment des Films nicht leicht – aus Sicht des Guten. Aber wenn Sie die Perspektive ändern und aus Sicht des Bösewichts betrachten, erscheint der Film plötzlich in einem ganz neuen Licht.

Die Königsdisziplin besteht darin, bei einer Serie wie Big Bang Theorie immer wieder den Charakter zu wechseln. Seien Sie in der ersten Folge Lennard, dann Penny und dann Sheldon. Erleben Sie eine neue Filmwelt. Nicht jeder Film eignet sich dafür, aber probieren Sie es einfach mal aus. Es macht unglaublich viel Spaß!

Stufe V: Umgang mit Beziehungen – Beziehungsmanagement

Willkommen auf der obersten Stufe. Sie haben schon viel erfahren, an sich gearbeitet und neue Erlebnisse dazu gewonnen. Nun geht es darum, all das Erlernte auf sich und andere anzuwenden, damit Sie neue Dimensionen mit Menschen erreichen können. Werden Sie zu einer herausragenden Führungskraft und lassen Sie Ihre Liebesbeziehung eine neue Tiefe (der Verbundenheit) kennenlernen. Mit anderen Menschen umzugehen ist nicht immer ganz einfach. Jeder hat andere Werte, Vorstellungen und Eigenarten. Welten prallen manchmal aufeinander, wie sie unterschiedlicher nicht sein könnten. Mit Ihrer emotionalen Intelligenz, die Sie in harter Arbeit und Konsequenz gesteigert haben, haben Sie nun das Zeug dazu, diesen Aufprall der Welten zu steuern. Sie können sich selbst gut wahrnehmen und regulieren. Sie können sich in andere hineinversetzen und die Perspektive wechseln. Auf der Beziehungsmanagementstufe werden Sie erfahren, alles zusammen einzusetzen und darüber hinaus die Gefühle Ihrer Kollegen, Freunde und Familie zu berücksichtigen und richtig "anzupacken". Die Kunst besteht darin, die Sensibilität zu entwickeln, die Gefühle, Bedürfnisse und Motive, also alle Stufen von eins bis drei, die Sie für sich selbst herausgefunden haben, bei Ihrem Gesprächspartner abzuschätzen und schließlich positiv darauf Einfluss zu nehmen. Das kann jetzt erst einmal schwierig sein sich vorzustellen. Überlegen Sie sich allerdings, wie leicht Sie es schaffen, jemanden zu provozieren, subtil zu beleidigen oder traurig zu machen. Hierbei nehmen Sie bereits Einfluss auf diese Person und können es schaffen, ihn zur Weißglut zu provozieren, weil Sie richtig abschätzen, in welchen Punkten Ihre Kritik und Ihre Kommentare am meisten wehtun. Das ist aber auf keinen Fall das Ziel. Es zeigt jedoch sehr gut auf, was es bedeutet, die Gefühle von jemandem zu beeinflussen und wie das Vorgehen dabei ist.

Das Vorgehen positive Gefühle zu erzeugen bzw. mit jemandem konstruktiv für besten Erfolg zusammen zu arbeiten, gleicht dem Weg aus dem vorangegangenen Beispiel; unterscheidet sich allerdings deutlich in den Methoden und bedarf einiger Übung. Lassen Sie sich gesagt sein, dass hier vor allem Kommunikationsgeschick gefragt ist und dass Sie Ihren ethischen und moralischen Grundsätzen treu sein sollten und das Beziehungsmanagement nur für **positive** Regulationen nutzen!

Eigene Gefühle Kommunizieren

Als erstes ist es wichtig, klar auszudrücken, wie Sie zu einer Sache stehen oder wie Sie empfinden, sodass auch die anderen die Chance bekommen, auf Ihre Gefühle einzugehen oder zumindest die Einsicht haben, sodass Sie Ihre Reaktionen nicht falsch interpretieren. Natürlich bedeutet dies nicht, dass Sie jemandem Ihr Gefühlsleben ausschütten müssen. Sie sollten stattdessen versuchen, Ihre Gefühle sachlich und situationsbezogen zu kommunizieren. Dies beginnt bereits bei einfachen Textnachrichten und empfiehlt sich als erster Einstieg, um zu lernen, seine Emotionen mitzuteilen, da Sie der Person nicht direkt gegenüberstehen und sich so noch selbst "schützen" können, wenn es für Sie ungewohnt ist, Ihre Gefühle zu "erzählen". Falls es beispielsweise dazu kommt, dass Ihnen jemand kurzfristig absagt, dann zeigen Sie ihm/ihr ruhig, dass es Ihnen nicht einfach egal ist, was Sie mit der Antwort "Schon okay, dann klappt es beim nächsten Mal" suggerieren, sondern antworten Sie ehrlich "Ich finde das sehr schade, dass du so kurzfristig absagst. Ich habe mich eigentlich sehr darauf gefreut." Sie werden sich besser fühlen, weil Sie nicht Ihre Gefühle runterschlucken müssen, während es sich Ihr Freund künftig zweimal überlegen wird, ob er Ihnen so kurzfristig absagt. Somit haben Sie sich auch mehr Respekt verschafft. Gleiches gilt für Verhandlungen oder Entscheidungen, die Sie beispielsweise als Chef/in treffen müssen. Teilen Sie Ihren Mitarbeitern mit, dass diese Entscheidung für Sie nicht einfach ist und dass es nicht Ihre Absicht ist, irgendwen zu benachteiligen oder auf die Füße zu treten. Geben Sie Ihren Mitmenschen Gedankenanstöße, dass sie selbst logische Argumente gegen ihre Gefühle formulieren können. "Eigentlich macht es mich ziemlich sauer, wie mein Chef das schon wieder entschieden hat. Aber er sagte ja, es fiel Ihm nicht sehr leicht. Er hat zumindest versucht, mich zu berücksichtigen."

Für erste Übungen eignet sich wieder einmal das private Umfeld besser, da Sie sich hier in der Regel wohler fühlen und erst eigene Sicherheit auf diesem neuen Gebiet sammeln können. Teilen Sie beispielsweise in einer Beziehung Ihrem Partner mit, wie Sie sich fühlen, wenn er/ sie etwas Bestimmtes tun. Angenommen Sie werden mit einem Essen überrascht. Erzählen Sie, wie sich das für Sie anfühlt. "Schatz, es riecht nicht nur gut. Ich fühle mich sehr glücklich, eine so aufmerksame(n) Frau/ Mann zu haben, der/die es versteht, mich mit einem leckeren Essen zu überraschen." Gefühle auszudrücken kann nämlich nicht nur für Sie gut sein, Sie können auch andere wertschätzen und es als Kompliment verkleiden.

Lob, Kompliment und Anerkennung

Und damit sind wir bereits beim nächsten Punkt angelangt. Wer auf der Welt wird nicht gerne gelobt und für seine besonderen Leistungen hervorgehoben? Viele lassen es sich natürlich nicht anmerken und können "mit Komplimenten" nicht umgehen. Es ist aber eine wichtige soziale Eigenschaft, die nicht nur Sympathie vermittelt; sie wirkt ebenso motivierend und zeugt davon, dass Sie selbst ein aufmerksamer und ehrlicher Zeitgenosse sind. Bei Komplimenten gilt immer darauf zu achten, dass Sie wirklich ernst gemeint sind und nicht übertrieben verteilt werden sollten, andererseits kann ein Kompliment schnell als einschmeichelnde Taktik oder auch Verhöhnung interpretiert werden und Sie möchten schließlich authentisch bleiben. Verpacken Sie ein Kompliment daher möglichst sachlich, aber eventuell mit einem Lächeln (zumindest auf beruflicher Ebene). Wenn Sie Ihrem Partner ein Kompliment darüber machen, dass der neue Pullover sehr die schönen Augen betont, macht es einen Unterschied, ob Sie es im selben Wortlaut Ihrem Chef entgegnen. Die Devise lautet: erzählen Sie Ihren Mitmenschen von den Dingen, die Ihnen an ihnen besonders auffallen. "Herr Meier, ich finde es immer wieder faszinierend mit welch einem großen Lächeln Sie ihre Arbeit machen. Das Inspiriert mich".

Die Sache mit der Kritik

Kritik ist immer ein Knackpunkt in zwischenmenschlichen Beziehungen. Oftmals lässt sich Streitpotenzial aber schon vermeiden, wenn Sie auf Ihre Wortwahl achten. Dazu ist es besonders wichtig, **nicht den Menschen persönlich** zu **kritisieren**, sondern nur seine Handlung. "Du bist so eine Umweltsau. Du lässt immer die Tür offen, obwohl du genau weißt, dass wir heizen." Wer fühlt sich hierbei nicht angegriffen? Ich und eine Umweltsau? Immer? Ein zweiter Aspekt bezieht sich auf Verallgemeinerungen. Lassen Sie Füllwörter wie "immer", "ständig" etc. weg. Der dritte Aspekt sind Unterstellungen und Annahmen, die Sie voraussetzen "obwohl, du genau weißt, dass wir heizen." Für Sie ist es vermutlich logisch. Der andere kann aus allen Wolken fallen, weil er davon zum ersten Mal hört. Besser wäre es also zu sagen: "Ich habe die Heizung angemacht. Es wäre schön, wenn du darauf achtest, dass die Türen zu sind, damit die Wärme nicht entweicht." Kein Konfliktpotenzial! Man könnte sogar sagen, Sie formulieren ein Ziel: gemeinsam gegen den Wärmeverlust der Wohnung. Achten Sie daher auf Ihre Wortwahl. Nun lässt es sich nicht immer vermeiden, auf Kritik zu verzichten, damit sich auch tatsächlich etwas verbessern kann. Hierbei ist es ratsam, auf verschiedene Punkt zu achten:

1. Notieren Sie sich klar Ihre Kritikpunkte und suchen Sie gegebenenfalls konkrete Vorfälle heraus, bei denen Ihnen der Punkt aufgefallen ist, den Sie nun bemängeln. Gleichzeitig überlegen Sie sich, wie Sie es sich eigentlich vorgestellt haben und was sich Ihrer Meinung nach ändern sollte. Welches Ergebnis möchten Sie erreichen? Dadurch vermeiden Sie Ausschmückungen und behalten Ihr Ziel im Blick.

2. Greifen Sie nicht persönlich an, sondern beziehen Sie sich immer auf die Handlung. Verknüpfen Sie es gegebenenfalls mit einem Kompliment. "Ich bin von Ihnen Ihre zuverlässige Art gewohnt. Am Montag und Dienstag waren Sie jedoch sehr spät dran."

3. Räumen Sie die Möglichkeit ein, dass sich der andere erklären kann, sodass Sie auch einen Blick aus "seiner" Perspektive erhalten. "Wie kam es, dass Sie sich verspätet haben?"

4. Sachlich bleiben und versuchen keine Vorwürfe zu machen. "Warum waren Sie zu spät?" würde eine anderer Reaktion nach sich ziehen, als die Frage bei Punkt drei.

Gut zuhören und die eigene Perspektive erörtern

Ein sehr wichtiger Punkt besteht in der Fähigkeit, jemandem zuzuhören. Dabei können Sie bereits mit Ihrem Gespür herausfinden, wie sich die Person fühlt, in welchen Punkten sich Ihre Emotionen verändern und einen Eindruck gewinnen, mit dem Sie arbeiten können. Nachdem Sie zugehört haben, empfiehlt es sich, das Gesagte zu wiederholen, um abschätzen zu können, dass Sie auch alles richtig verstanden haben.

Darauf aufbauend (oder auch zum Beginn) sollten Sie Ihre Perspektive darlegen. "Ich sehe, dass…", "Bei mir kommt an, dass…", "Als ich davon erfuhr, dachte ich…". Machen Sie klar, wie Sie die Dinge sehen und lassen Sie erkennen, insofern es angemessen ist, wie Sie dabei empfinden.

Das rechte Maß

Einen Königsweg gibt es leider nicht, den ich Ihnen an die Hand geben kann. Ich kann Sie nur dazu ermuntern, sich in so viele Situationen wie möglich zu bringen, sodass Sie selbst ein Gespür dafür entwickeln. Denken Sie nach einer vorgefallenen Situation darüber nach, was passiert ist und was Sie hätten besser machen können. Nutzen Sie Fehler (das haben Sie ja oft genug in diesem Buch gehört), um daraus zu lernen und versuchen Sie, sich auch in kleinen Situationen, in denen Sie genügend Zeit haben, währenddessen darüber nachzudenken. Sie werden viel denken, ob und wie Sie es sagen und sich womöglich auch unsicher fühlen. Tun Sie Ihr Bestes, aber verlassen Sie den Weg, wenn es zu umständlich wird und die Situation verkompliziert und legen Sie ein größeres Augenmerk auf Ihre Analyse danach. Sie beginnen schließlich erst damit, sich zu verändern. Niemand erwartet, dass Sie jetzt eine Situation überhaupt anders sehen. Engen Sie sich daher nicht zu sehr selbst ein. Lernen Sie aus Ihren Analysen und gehen Sie kleine Schritte, dann kommt die große Strecke ganz von allein. Kleine Situationen finden Sie in Ihrem Alltag. Denken Sie im Restaurant daran, wenn Sie nach Ihrem Essen Fragen (sich eigentlich beschweren wollen). Wie kann ich emotional intelligent mit dem Kellner reden und meinen Willen bekommen?

Probieren Sie es aus. Ich verabschiede mich an dieser Stelle von einem neuen Meister der emotionalen Intelligenz der Stufe fünf und wünsche Ihnen viel Spaß und Erfolg beim Umsetzen. Das Paradoxe und Amüsante an dem Thema ist, wenn Sie Ihre Gewohnheiten ändern, um emotional intelligenter zu werden, haben Sie doppelt gewonnen. Wenn Sie es nicht schaffen, doppelt verloren. Sie können jetzt beleidigt sein und sagen, wie unverschämt ich sei. Oder aber, Sie entscheiden sich für einen Perspektivenwechsel und nutzen die Energie der Wut und auch die Äußerung selbst, um eine neue Herausforderung anzunehmen und ein neues Ziel zu stecken. Ihr Weg zu mehr Erfolg im Leben, Ihr Weg zu mehr emotionaler Intelligenz beginnt hier, bei dieser Entscheidung, die **Sie selbst** treffen.

Zusammenfassung/ Praxistipps

Eine Vielzahl an effektiven Tipps, um die emotionale Intelligenz zu steigern: Um die eigene emotionale Intelligenz zu trainieren, ist es wichtig, dass Sie als erstes Ihren Fokus auf sich selbst legen. Hierfür ist es möglich, sich selbst eine Reihe von Fragen zu stellen, diese ehrlich zu beantworten und die Antworten erst einmal zu analysieren. Aufgrund dieser gegebenen Antworten sind Sie dann in der Lage, Verbesserungsmöglichkeiten herauszufiltern. Diese Fragen können beispielsweise wie folgt aussehen:

- Wo liegen meine Stärken?
- Wo liegen meine Schwächen?
- Was sind meine Hobbys?
- Was macht mir wirklich Spaß in meinem Leben?
- Bin ich in meinem Beruf zufrieden?
- Lasse ich mich in meinem Handeln beeinflussen?
- Welche Ziele habe ich?
- Was ist mir in meinem Leben besonders wichtig?
- Wer bin ich?
- Was hat mich in der Vergangenheit sehr geprägt?
- Was macht mich aus?
- Werde ich meinen eigenen Ansprüchen gerecht?
- Spiele ich den halben Tag eine Rolle oder darf ich wirklich so sein, wie ich bin?
- Habe ich in meinem privaten Leben das Modell, das ich mir wünsche, gefunden?
- Habe ich in meinem Beruf den Traumjob gefunden?

- Bin ich in der Lage, mich in andere Menschen hineinzuversetzen? Wenn Ja, in welchen Situationen kann ich dies besonders gut? Wenn Nein, in welchen Situationen kann ich es nicht und was könnte die Ursache dafür sein?
- Bin ich in der Lage, meine Bedürfnisse dem Wohl einer Gemeinschaft unterzuordnen?
- Bin ich in der Lage, die Familie über meine eigenen Wünsche zu stellen?
- Ordne ich mich meinem Chef stets unter oder bin ich auch in der Lage, eigene Denkanstöße zu produzieren?
- Habe ich eine hohe Form der Empathie für Lebewesen?
- Interessiere ich mich in meinem Leben nur für mich oder finde ich auch andere Leben spannend?
- Fühle ich mich häufig missverstanden?
- Überwiegen meine negativen Gefühle gegenüber den positiven?
- Habe ich Hobbys, denen ich regelmäßig nachgehe und die mir Spaß bereiten?
- Habe ich sogenannte Energiequellen in meinem Leben, aus denen ich in schwierigen Situationen Kraft schöpfen kann?
- Gelingt es mir häufig, auch in stressigen Situationen den Überblick zu behalten? Wenn Ja, in welchen Situationen gelingt es mir besonders gut und warum? Wenn Nein, warum gelingt es mir nicht und in welchen Situationen gelingt es mir besonders oft nicht?
- Bin ich in der Lage, eine langfristige glückliche Beziehung zu führen oder führe ich diese bereits? Wenn Nein, was könnten die Gründe dafür sein?
- Habe ich vermehrt Stress auf der Arbeit, beispielsweise mit Arbeitskollegen, Geschäftskunden oder auch der Chef-Etage? Wenn Ja, woran könnte es liegen, dass ich so oft anecke? Wenn Nein, in welchen Situationen habe ich mich besonders gut unter Kontrolle?

- Bin ich in der Lage, auch bei fremden Personen deren Emotionen richtig zu deuten und vor allem auf diese richtig zu reagieren?
- Habe ich das sogenannte Fingerspitzengefühl, das so wichtig ist, sowohl für den privaten als auch für den beruflichen Alltag?
- Wenn Ja, in welchen Situationen habe ich besonderes Fingerspitzengefühl? Wenn Nein, in welchen Situationen fällt es mir besonders auf, dass ich wenig Fingerspitzengefühl an den Tag legen kann?

Bei all diesen Fragen handelt es sich um Denkanstöße. Ob Sie jede Frage oder beispielsweise nur jede zweite Frage beantworten möchten oder diese Liste noch mit eigenen Fragen ausbauen möchten, liegt einzig und allein in Ihrer Hand.

Empfehlenswert ist es, dass Sie die Fragen, die für Sie relevant sind, unabhängig davon, ob Sie in diesem Buch vorkommen oder nicht, auf ein Blatt Papier schreiben. Nehmen Sie sich zur Beantwortung dieser Fragen ausreichend Zeit, denn die Beantwortung schwieriger Lebensfragen sollte nicht zwischen „Tür und Angel" erledigt werden. Je mehr Fragen für Sie relevant sind, desto länger dauert selbstverständlich auch die Beantwortung.

Gehen Sie ruhig aktiv in sich und beantworten Sie jede Frage stets ehrlich. Durch das Fokussieren auf Ihr Inneres und durch das Reflektieren Ihrer Taten sind Sie bereits aktiv im Training Ihrer emotionalen Intelligenz angekommen. Deshalb sehen Sie die Beantwortung dieser Frage bitte nicht als eine Art Zeitverschwendung an, bevor das richtige Training losgeht, sondern als ersten Schritt des Trainings. Nach den Fragen, die Sie sich selbst nun beantwortet haben, erfolgt die Analyse Ihrer Antworten.

Wenn Sie beispielsweise Situationen aufgeschrieben haben, in denen Sie sich nicht rücksichtsvoll verhalten haben oder eben Ihr Fingerspitzengefühl zu wünschen übrig gelassen hat, analysieren Sie, woran das gelegen haben könnte.

Fällt es Ihnen beispielsweise schwerer, bei engen Verwandten Mitgefühl zu zeigen als bei fremden Personen oder ist dies genau andersherum? Erst, wenn Sie für sich mögliche Ursachen oder Gründe Ihres Verhaltens entdeckt haben, können Sie daran auch aktiv arbeiten.

Wenn Sie nun also sowohl die Fragen beantwortet als auch die Antworten analysiert haben, geht es ans Eingemachte. Der erste Schritt sollte sein, dass Sie lernen, mit Gefühlen vernünftig umzugehen. Sei es mit Ihren eigenen Gefühlen oder auch mit den Gefühlen anderer Menschen.

Prinzipiell hat jeder Mensch das Recht, sein eigenes Gefühl zu haben und zu äußern, auch wenn es für einen anderen Menschen vielleicht unangebracht erscheint. Das bedeutet, dass Sie in Zukunft niemanden für sein Handeln, für sein Gesagtes oder für seine Gefühlswelt verurteilen werden.

In einer Situation, in der Person A tief traurig und niedergeschlagen ist, kann Person B darüber hinwegsehen. Deshalb muss Person B trotzdem die Reaktion von Person A respektieren können. Hinterfragen Sie sich an dieser Stelle, ob es Ihnen möglich ist, einen anderen Menschen so sein zu lassen, wie er eben ist.

Auch durch Ihre enorme Kritik wird sich das Gefühl eines anderen Menschen nicht ändern lassen. Nehmen wir wieder als Beispiel das Kind mit dem verstorbenen Hasen. Versuchen Sie, sich in das Kind hineinzuversetzen und stärken Sie Ihre Empathiefähigkeit, denn diese ist von enormer Bedeutung, wenn Sie mit anderen Personen interagieren möchten. Auch wenn es sich um etwas handelt, was für Sie nicht tiefgreifend ist oder wobei Sie niemals weinen würden, kann es für jemand anderen furchtbar sein. Genau so sieht es auch andersherum aus. Gestehen Sie sich Gefühle ein, auch wenn sie nicht „der Norm“ entsprechen.

Wenn Sie sich einen Film anschauen und dabei weinen müssen und niemand der anwesenden Freunde ebenfalls weinen muss, dürfen Sie dies trotzdem tun. Jeder Mensch darf die Gefühle so ausleben und erleben, wie er sie empfindet, insofern er dabei keinem anderen Menschen oder Lebewesen schadet. Wenn es um Gefühle geht und gerade auch um den Umgang mit Gefühlen, sollte lieber zweimal mehr überlegt und dann erst gesprochen werden als andersherum. Worte und Sätze, die verletzen, lassen sich nicht zurücknehmen. Sie bleiben im Gedächtnis der verletzten Person hängen.

Analysieren Sie Ihre Kommunikationsfähigkeiten. Die Kommunikation ist einer der Grundsteine, die wir haben, um zwischenmenschlich interagieren zu können. Treten Sie, während Sie sich in einer Kommunikation befinden, dem anderen häufig auf die Füße? Wenn Sie, nachdem Sie Ihre Antwort analysiert haben, darauf eigenständig kommen, dass Sie an Ihrer Kommunikationsfähigkeit arbeiten könnten, ist dies bereits ein großer Erfolg. Dann gilt es jedoch, daran aktiv zu arbeiten. Es gibt beispielsweise unterschiedliche Kommunikationsseminare, die man besuchen kann. Hierbei wird noch einmal unterschieden, ob es sich um eine Problematik der Kommunikation im beruflichen oder im privaten Sinne handelt.

Gerade im beruflichen Sinne gibt es eine Vielzahl an Seminaren und Schulungsmöglichkeiten, nicht nur für Vorgesetzte, sondern auch für Angestellte, die unter anderem auch praxisnah Situationen simulieren, um den Teilnehmern zu erklären, wie Sie sich in Zukunft besser verhalten können. Doch auch für den privaten Bereich gibt es Kommunikationsschulungsmöglichkeiten.

Wenn Sie nun kein Interesse daran haben, ein Seminar oder eine Schulung zu besuchen, können Sie trotzdem eine Menge tun, um Ihre Kommunikationsfähigkeit zu verbessern. Auch hier steht, wie bei allem, Ihre Analyse im Vordergrund. Warum denken Sie, dass Sie an Ihrer Kommunikationsfähigkeit arbeiten müssen? Lassen Sie Ihr Gegenüber oft nicht aussprechen? Wenn dies beispielsweise der Fall wäre, dann nehmen Sie sich vor, hieran aktiv zu arbeiten.

Häufig hat die Schwäche in einer Fähigkeit wie beispielsweise in der Kommunikationsfähigkeit nicht nur eine Ursache. Meistens liegt der Ursprung viel tiefer und durch eine Vielzahl nicht funktionierender Eigenschaften findet eine Schwächung der Fähigkeit statt. Hierbei liegt es in Ihren Händen, die jeweiligen unterschiedlichen Aspekte aufzugreifen und nacheinander daran zu arbeiten. Es macht keinen Sinn, jede Fähigkeit, in der Sie Verbesserungspotenzial sehen, gleichzeitig zu verändern. Auch dies erläutere ich Ihnen an einem Beispiel:

Wenn Sie nun feststellen, dass Sie an Ihrer Kommunikationsfähigkeit arbeiten müssen, weil Ihnen das Taktgefühl fehlt, Sie ständig dazwischen reden und Sie sich nicht in andere Personen hineinversetzen können, können Sie unmöglich an allen drei Dingen gleichzeitig innerhalb eines Gespräches arbeiten. Das liegt daran, dass Sie die ganze Zeit mitdenken würden und damit beschäftigt wären. Ein kommunikatives Gespräch mit Ihrem Gegenüber wäre so nicht mehr möglich, da Sie eine lange Zeit benötigen würden, um zu antworten. Jetzt greifen wir wieder den Punkt der Ausreden auf, um Ihnen zu erklären, wie Sie auch ohne fremde Hilfe Ihre Kommunikationsfähigkeit verbessern können. Wenn Sie jemandem ständig ins Wort fallen, konzentrieren Sie sich bei jedem anstehenden Gespräch darauf, erst zu warten, bis Ihr Gegenüber eine Pause einlegt.

Besonders wichtig, um eine Kommunikationsfähigkeit zu steigern, ist es, viele Gespräche zu führen. Treffen Sie sich mit Ihren Freunden oder Ihren Bekannten und sprechen Sie mit Ihrem Ehemann oder Ihrer Ehefrau. Treffen Sie sich mit Ihren Eltern oder Geschwistern, grüßen Sie Ihren Nachbarn und versuchen Sie, so viele Gespräche wie nur irgendwie möglich in Ihr Leben zu integrieren. Jedes Gespräch hilft Ihnen aktiv dabei, Ihre Kommunikationsfähigkeit zu verbessern, insofern Sie innerhalb dieser Gespräche versuchen, Ihre negativen Eigenschaften abzulegen und an Ihnen aktiv zu arbeiten.

Wenn Sie nach einigen Gesprächen dann das Gefühl haben, dass Sie jetzt deutlich besser einschätzen können, wann Sie innerhalb eines Gespräches etwas sagen, ohne dem anderen ins Wort zu fallen, können Sie sich den anderen Eigenschaften, die ebenfalls Training benötigen, widmen.

Auch die Ausdrucksmöglichkeiten sind eine gute Basis, um zu analysieren, ob Sie hier tätig werden können oder müssen. Sind Sie in der Lage, sich emotional intelligent auszudrücken? Können Sie auf emotional intelligent gestellte Fragen vernünftig antworten?

Liegt grundsätzlich ein großer emotionaler Wortschatz vor? An diesen Dingen können Sie aktiv arbeiten und sich mit der Thematik befassen. Menschen sind häufig so programmiert, dass, wenn eine Person weint, die uns nicht so sehr am Herzen liegt, wir uns lieber heraushalten, als zu der Person hinzugehen und zu fragen, was passiert ist.

Wenn Sie beispielsweise eine Kollegin im Pausenraum sehen, die weint, Ihnen aber eigentlich nicht am Herzen liegt, gehen Sie diesen Gesprächen in Zukunft nicht mehr aus dem Weg. Sehen Sie diese Möglichkeiten als Chancen an, Ihren emotionalen Wortschatz auszubauen.

Hören Sie vor allen Dingen emotional belasteten Personen zu. Egal ob es sich jetzt hierbei um Ihre traurige Arbeitskollegin oder um Ihren wütenden Nachbarn handelt, emotional aufgeladene Personen benutzen viele emotional geladene Wörter, die Sie in Ihren emotionalen Wortschatz mit einbauen können. Je häufiger Sie über Gefühle und Emotionen reden, desto besser werden Sie darin werden. Und je größer Ihr Mitgefühl und Ihr emotionaler Wortschatz werden, desto mehr stellen Sie eine aktive Bereicherung für Ihr komplettes Umfeld dar, egal ob im privaten oder im beruflichen Bereich.

Setzen Sie sich mit Ihrem Konfliktmanagement auseinander. Ein gutes Konfliktmanagement ist eines der Grundbestandteile einer emotionalen Intelligenz. Mischen Sie sich grundsätzlich in jeden Streit ein? Sind Sie innerhalb eines Streites wortgewandt? Lassen Sie innerhalb eines

Streites auch den Anderen mal zu Wort kommen? Verwenden Sie innerhalb eines Streites verletzende Worte? Was können Sie aktiv tun, um Konflikte besser, einfacher und vor allem auch schneller lösen zu können? Und was können Sie tun, um Konflikte erst gar nicht entstehen zu lassen?

Beantworten Sie sich auch hier wieder alle Fragen ehrlich. Nur anhand Ihrer Antworten und der daraus folgenden Analyse können Sie auf die Lösung kommen. Außer Ihnen kann niemand dafür eine Antwort liefern. Denn jeder Mensch ist, wie Sie wissen, völlig individuell, mit völlig unterschiedlichen Fähigkeiten, Fertigkeiten und auch Problematiken. An der Konfliktfähigkeit muss dringend gearbeitet werden, wenn es hier zu Defiziten kommt.

Nicht jeder Mensch auf dieser Welt kann sich mit jedem anderen Menschen auf dieser Welt gut verstehen. Es gehört einfach dazu, dass bei vielen unterschiedlichen Interessen und Meinungen Probleme vorprogrammiert sind. Vor allem in Ihrem Berufsleben müssen Sie Ihr Konfliktmanagement, wenn möglich, perfektionieren. Ein wütender Kunde darf nicht dazu führen, dass Sie die Kontrolle verlieren und innerhalb eines Streitgespräches Worte wählen, die nicht angebracht sind. Dies kann Sie unter Umständen mit sofortiger Wirkung Ihren Job kosten, da Sie als geschäftsschädigend eingeschätzt werden könnten. Doch auch im privaten Bereich, beispielsweise mit Ihrer Ehefrau oder Ihrem Ehemann oder den Kindern, ist ein funktionierendes Konfliktmanagement essenziell wichtig. Wenn Sie nun alle Fragen ehrlich beantwortet und Ihre Antworten analysiert haben, gehen Sie Konfliktgesprächen nicht mehr aus dem Weg.

Greifen Sie jedes Konfliktgespräch, das ansteht oder gegebenenfalls auch schon hätte vor langer Zeit geführt werden müssen, auf, um daran wachsen zu können. Überprüfen Sie Ihre Kritikfähigkeit. Fühlen Sie sich oft in die Ecke gedrängt, Missverstanden, oder mit Kritik einfach überfordert? Hieran müssen Sie, falls Sie diese Frage mit Ja beantworten können, dringend arbeiten. Unsere Fähigkeit, Kritik konstruktiv zu nutzen, ist für unsere persönliche Entwicklung von enormer Bedeutung. Häufig nehmen wir schlechte Eigenschaften gar nicht wahr und erst mit Hilfe von negativer Kritik kann ein Denkanstoß erfolgen. Wenn Sie sich aber bisher in Ihrem Umfeld, egal ob in beruflicher oder in privater Hinsicht, als besonders kritikunfähig gezeigt haben, wird Ihnen niemand mehr freiwillig negative Kritik äußern. Auch wenn sich dies vielleicht positiv anhört, hat es negative Folgen für Sie. Wenn Sie selbst nicht überblicken, was Sie besser machen könnten und sich auch niemand mehr traut, es Ihnen mitzuteilen, können Sie nicht besser werden. Ein Fußballspieler beispielsweise, der sich in seiner Kindheit von seinem Trainer nichts sagen lässt und keine Kritik annimmt, kann niemals ein Fußballprofi in der ersten Bundesliga werden. Denn dadurch, dass er sich keinerlei Kritik stellt, kann auch keine Verbesserung stattfinden, was dann folglich auch nicht zu verbesserten Leistungen führen kann. Versuchen Sie, an Ihrer Kritikfähigkeit zu arbeiten.

Nehmen Sie andere Menschen ernst, auch wenn Sie eine Meinung vertreten, die Sie nicht nachvollziehen können. Sehen Sie ein Kritikgespräch immer als eine Art Chance an. Denn wenn Person A Ihnen gegenüber eine schlechte Kritik äußert, die gegebenenfalls nicht einmal gerechtfertigt ist, können Sie innerhalb dieses Kritikgespräches mit Vorurteilen aufräumen. Dies kann dann die Folge haben, dass diese Person die Einstellung zu Ihnen komplett überdenkt und danach diese Vorurteile nicht mehr hat. Wenn Sie Ihr Konfliktmanagement optimieren, hat dies für alle nur Vorteile, sowohl für Ihre Arbeitskollegen und Ihre Kunden als auch für Ihre gesamte Familie und letztlich auch für Sie selbst.

Akzeptieren Sie auch negative Dinge in Ihrem Leben. Nicht jeder Tag kann ein positiver Tag sein, das wissen wir alle. Es gibt Personen, die morgens aufstehen und bereits fühlen, dass dieser Tag ein schlechter Tag wird. Diese Personen steigern sich häufig so sehr in diesen

Gedanken hinein, dass selbst wenn etwas Gutes passiert, die Person immer noch das „Haar in der Suppe“ findet.

Versuchen Sie, die Negativität wahrzunehmen, zu akzeptieren und vor allem auch abzuhaken. Konzentrieren Sie sich lieber auf die Dinge, die gut laufen, als sich nur auf die Negativität zu fokussieren. Denn wie Sie bereits in diesem Buch gelernt haben, leiden Menschen, deren Negativität im Leben überhandnimmt, häufiger an Burnout oder auch an Depressionen. Auch das Akzeptieren der Menschen, die einen selbst nicht leiden können, gehört zu diesem Training dazu. Akzeptieren Sie, dass es Personen gibt, die ständig etwas auszusetzen haben. Jeder Mensch ist anders und jeder Mensch nimmt Situationen auch anders wahr. Besonders schmerzhaft ist dies, wenn Sie eine Person sehr mögen, diese Person für Sie aber eine Antipathie empfindet. Dieses negative Gefühl kann meist nicht revidiert werden.

Üben Sie sich in Akzeptanz, negative Dinge, die Sie nicht ändern können, auszuhalten. Insofern sich negative Dinge ins Positive umwandeln lassen, sollten Sie selbstverständlich immer diese Möglichkeit als Erste wählen. Lediglich wenn im Voraus sichtbar wird, dass sich an der Situation nichts ändern lässt oder Sie bei dem Versuch, etwas zu ändern, merken, dass dies nicht möglich ist, ist die Akzeptanz des Negativen unumgänglich. Versuchen Sie, die Positivität in Ihrem Leben zu entdecken. Gerade, wenn Sie das Gefühl haben, in einem sehr stressigen Alltag gefangen zu sein und dass viele Dinge nicht so laufen, wie Sie sich das gerade wünschen, suchen Sie sich die vorher angesprochenen Energiequellen.

Was läuft gerade alles positiv in Ihrem Leben? Und was könnte in Ihrem Leben aktuell noch positiver verlaufen? Wie können Sie Dinge noch positiver gestalten, als Sie ohnehin schon sind?

Auch diese Antworten sind wieder wichtig für eine Analyse bezüglich Ihres Trainings. Häufig ist es so, dass Probleme entweder im Privatleben oder im Berufsleben auftauchen. Nur in den seltensten Fällen läuft beides zeitgleich aus der Spur. Was könnte sich bei Ihnen positiv verändern? Liegt Ihr Schwerpunkt eher auf der Familienseite? Oder liegt das Problem eher in Ihrem Job? Vor allem Probleme im Job sind meist leichter und schneller zu lösen.

Wenn Sie zum Beispiel mit einer Arbeitskollegin überhaupt nicht klarkommen, können Sie dieses Problem bei Ihrem Chef thematisieren, der dann beispielsweise dazu bereit ist, den Dienstplan umzuschreiben, um ein harmonisches Miteinander auf der Arbeit zu gewährleisten.

Hier würde mit sofortiger Wirkung etwas Positives in Ihrem Leben passieren, denn Sie müssten sich, nur aufgrund eines Gespräches mit Ihrem Vorgesetzten, nicht mehr mit der ungeliebten Arbeitskollegin im Schichtdienst auseinandersetzen.

Werden Sie sich auch darüber bewusst, dass Sie alles schaffen können, was Sie sich vornehmen. Hier spielt die Disziplin eine sehr wichtige Rolle, die ebenfalls erlernt werden kann. Belohnen Sie sich beispielsweise auch für kleinere Erfolge. Durch das Zurückblicken auf bereits erreichte Erfolge fällt es vielen Personen leichter, am Ball zu bleiben.

Steigern Sie Ihr Selbstbewusstsein und Ihr Selbstwertgefühl. Dies ist nicht nur wichtig, um die emotionale Intelligenz zu steigern, sondern es ist essentiell für Ihr gesamtes Leben. Eine Person, die grundsätzlich über wenig oder kein Selbstbewusstsein verfügt, häufig sehr schüchtern ist, sich Zuhause „einigelt“ und nur wenig Kontakt zu anderen Menschen hat, erlebt viele Dinge nicht, die andere Menschen im selben Alter erleben. Sie nehmen sich so ein Stück Lebensqualität selbst.

Auch das Selbstwertgefühl ist überlebensnotwendig. Wenn wir das Gefühl hätten, dass wir grundsätzlich nichts wert wären, würde die Suizidrate deutlich höher liegen als aktuell.

Wir müssen uns darüber im Klaren sein, dass wir selbst viel wert sind. Unser Körper ist der einzige Körper, den wir besitzen und deshalb sollten wir ihn wertschätzen, egal ob wir zwei Kilo zu viel oder zu wenig auf den Rippen haben. Diese Selbstwertschätzung, gepaart mit einer guten Selbstwahrnehmung, sollte unabhängig von Äußerlichkeiten geschehen. Wohingegen beim Selbstbewusstsein die Äußerlichkeiten häufig das Hauptproblem darstellen. Dadurch, dass jeder Mensch eine andere Meinung und eine andere Ansicht an den Tag legt, kann auf dieser Welt niemand für alle perfekt sein.

Für den Ersten ist Person A zu klein, für den Zweiten ist Person A zu groß, für den Dritten ist Person A zu dick, für den Vierten ist Person A zu dünn, für den Fünften ist Person A zu schlau, für den Sechsten ist Person A zu dumm und Person Nummer Sieben kann Person A einfach so nicht leiden.

An der Ausgangssituation, wie Personen A ist oder aussieht, hat sich nichts verändert. Hier liegt es alleine im Auge des Betrachters, wie Person A gesehen wird. Keine dieser Einschätzungen darf Person A in Ihrem Selbstbewusstsein oder in Ihrem Selbstwertgefühl beeinflussen.

Nehmen Sie wahr und sehen Sie ein, dass es Menschen gibt, denen Sie nicht gefallen. Immer wenn Sie sich in so einer Situation befinden, handelt es sich um eine emotional verletzende Situation, die allerdings unveränderlich ist, da hierbei die subjektive Wahrnehmung völlig unterschiedlicher Menschen eine Rolle spielt.

Erinnern Sie sich dann daran, dass auch Sie nicht jede Person attraktiv, nett oder besonders intelligent finden. Die Messlatten sind einfach unterschiedlich gesetzt und bei manchen liegen gewisse Personen darüber und andere fallen darunter. Das sagt aber nichts über Sie aus, sondern über die Person, die die Messlatte gesetzt hat.

Erinnern Sie sich zurück, als es um den Blickwinkel beziehungsweise die Perspektive ging. Hinterfragen Sie sich auch hier, ob Sie aktuell häufiger einmal die Perspektive ändern, um einen neuen Blickwinkel auf die Dinge zu erhalten.

Häufig sind wir in unseren Denkmustern so eingefahren, dass es für uns nur eine Richtung gibt. Dies ist so, weil uns Strukturen in unserem Leben Sicherheit verschaffen. Doch ein Richtungswechsel ist notwendig, wenn es sich um eine eingefahrene Situation handelt. Stellen Sie sich beispielsweise vor, dass Sie mit Ihrem Chef jeden Tag Streit haben.

Sie versuchen ihn von Ihrer Meinung zu überzeugen und er versucht Sie von seiner Meinung zu überzeugen. Die ganze Situation ist so festgefahren, dass sich niemand auf den anderen zubewegt. Bei den ganzen Streitgesprächen, die daraus resultieren, stellen Sie sich bitte einmal folgende Frage: Ist an dem, was mein Gegenüber mir mitteilt, vielleicht doch etwas dran, auch wenn es nicht meine ursprüngliche Meinung ist? Es kommt nur in ganz wenigen Fällen vor, dass jemand zu 100 % falsch liegt. Auch in den absurdesten Gedankengängen ist häufig eine Idee dabei, die man positiv nutzen könnte. Sie können sich die nächsten fünf Monate weiter jeden Tag mit Ihrem Chef streiten und jeder kann auf seine Meinung bestehen. Doch zielführend ist dies letztendlich nicht. Um eine Menge Zeit und Nerven zu sparen und auch, um selbst wachsen zu können, versuchen Sie, in seinem Gesagten etwas zu finden, das einen Perspektivenwechsel ermöglichen kann.

Hierbei geht es ganz klar nicht darum, Problemen aus dem Weg zu gehen, weil man seinem Gegenüber einfach recht gibt, sondern es geht darum, einen Ansatz zu finden, um aufeinander zuzugehen. Ein funktionierendes Miteinander von den unterschiedlichsten Menschen lebt von Kompromissen. 100 % perfekt in einem menschlichen Miteinander läuft es so gut wie nie. Gerade auch, wenn ein Paar erst frisch zusammen gezogen ist und es unendlich verliebt ist, müssen meist beide Seiten Kompromisse eingehen.

Wenn beispielsweise beide vorher alleine gewohnt haben und sich nun eine Wohnung teilen, hat sich jeder der beiden Parteien sogenannte Marotten angeeignet, mit denen der andere jetzt umgehen muss. Dem anderen zuzuhören und aus dessen Bedürfnissen Anhaltspunkte herauszufiltern, mit denen man auf einen Kompromiss kommen kann, ist enorm wichtig für unsere emotionale Intelligenz wie auch für eine funktionierende Partnerschaft.

Abschließend lässt sich das Fazit erstellen, dass hochgradig emotional intelligente Personen sowohl im Berufs- als auch im Privatleben enorme Vorteile genießen können. Wenn Sie nicht von Kind auf eine hohe emotionale Intelligenz besitzen, können Sie diese trotzdem erlernen. Da eine Erlernung mit steigendem Alter immer schwieriger wird, sollten Sie dies nicht auf „die lange Bank" schieben. Wenn Sie wirklich etwas in Ihrem Leben verändern möchten, um von den Vorteilen einer emotionalen Intelligenz profitieren zu können, sollten Sie schnellstmöglich damit starten.

Vielleicht betreffen Sie viele Baustellen gar nicht und es gibt nur ein paar Dinge, an denen Sie positiv arbeiten könnten. Vielleicht treffen Sie jedoch auch viele Baustellen an und Sie wissen noch nicht genau, mit welchem Problem Sie starten sollen.

Hier können Sie Ihre Familienmitglieder oder Ihre engsten Vertrauten wie beispielsweise die beste Freundin oder den besten Freund mit ins Boot holen. Fragen Sie nach Meinungen über Ihre charakterlichen Eigenschaften. Oder formulieren Sie die Probleme, an denen Sie gerne arbeiten würden und fragen Sie nach Tipps für die Reihenfolge.

Sich Hilfe zu holen, ist grundsätzlich ein guter Schritt. Außerdem hat das Mitteilen der Gedanken an Freunde oder Familie noch einen weiteren positiven Effekt. Wenn Sie nämlich Ihren engsten Freunden oder Familienmitgliedern von Ihrem Vorhaben erzählen, werden diese in regelmäßigen Abständen auch einmal nachfragen, ob Sie sich die Baustellen vorgenommen haben und nun aktiv an ihnen arbeiten.

Außerdem sind diese Personen auch die Ersten, die eine positive Veränderung an Ihnen bemerken können und Ihnen diese auch mitteilen werden, da Sie die Einzigen sind, die darüber Bescheid wissen.

Ähnlich verhält es sich beispielsweise auch bei übergewichtigen Personen, die ihrem Umfeld mitteilen, dass sie gerne abnehmen würden. Einfach aufzuhören, ist für die Personen häufig unangenehm, weil sie sich nicht die Blöße geben wollen, es nicht geschafft zu haben. Außerdem bekommen sie von den Menschen, denen sie ihr Vorhaben mitgeteilt haben, häufiger Komplimente, weil diese Personen explizit darauf achten, ob der andere abgenommen hat oder nicht. Dies kann zu einer erhöhten Motivation führen, weiter zu machen. Anhand Ihrer Analysefähigkeiten wird Ihnen auffallen, an welchen Baustellen Sie arbeiten müssen. Hierbei ist der wichtigste Punkt, dass Sie erkennen, dass nur Sie an Ihrer emotionalen Intelligenz arbeiten können und niemand sonst. Dies kann niemand für Sie übernehmen und diese Erkenntnis stellt somit bereits einen wichtigen Teil der emotionalen Intelligenz dar.

Verweise

Ekman Paul Gefühle lesen - Wie Sie Emotionen erkennen und richtig interpretieren [Buch]. - Heidelberg : Springer, 2010.

Goleman Daniel EQ-Emotionale Intelligenz [Buch]. - München : dtv Verlagsgesellschaft mbH & Co.KG, 29. Auflage 2019.

Gölzner Herbert und Meyer Petra Emotionale Intelligenz in Organisationen [Buch] / Hrsg. Gölzner Herbert. - Wiesbaden : Springer Verlag, 2018.

Irina Bosley Erich Kasten Emotionale Intelligenz [Buch]. - Berlin : Springer Verlag, 2018.

Kanitz Anja von Emotionale Intelligenz [Buch]. - Freiburg : Haufe-Lexware GmbH & Co. KG, 2015.

Wurzer Jörg 30 Minuten Emotionale Intelligenz [Buch]. - Offenbach : GABAL Verlag GmbH, 5 Auflage 2012.

Wir danken Ihnen für Ihr Interesse und Ihr Vertrauen. Als Dankeschön dafür, haben wir eine besondere Überraschung. Sie wollen erfolgreicher sein und nicht länger im Schatten anderer stehen? Probieren Sie unsere 21-Tage-ErfolgsChallenge aus. Das Beste: Sie erhalten diese vollkommen kostenlos. Das klingt wunderbar? Dann warten Sie nicht lange und holen Sie sich Ihr Gratis-Geschenk.

Hier geht es zu Ihrem Gratis-Geschenk:

https://forms.gle/E1Np37GmgeqHET7R7

1. **Öffnen Sie die Kamera-App auf Ihrem Smartphone und richten Sie die Kamera auf den QR-Code.**
2. **Klicken Sie auf den Link, der Ihnen angezeigt wird und schon werden Sie zur Website weitergeleitet.**

Impressum

Herausgeber: Orbita Media Verlag GmbH & Co. KG / Ericusspitze 4 / 20457 Hamburg
Kontakt: kontakt@empireofbooks.de
Website: https://empireofbooks.de
Coverbild: Shutterstock

Haftungsausschluss:
Die Nutzung dieses Buches und die Umsetzung der enthaltenen Informationen, Anleitungen und Strategien erfolgt auf eigenes Risiko. Der Autor kann für etwaige Schäden jeglicher Art aus keinem Rechtsgrund eine Haftung übernehmen. Haftungsansprüche gegen den Autor für Schäden materieller oder ideeller Art, die durch die Nutzung oder Nichtnutzung der Informationen bzw. durch die Nutzung fehlerhafter und/oder unvollständiger Informationen verursacht wurden, sind grundsätzlich ausgeschlossen. Rechts- und Schadenersatzansprüche sind daher ausgeschlossen. Dieses Werk wurde sorgfältig erarbeitet und niedergeschrieben. Der Autor übernimmt jedoch keinerlei Gewähr für die Aktualität, Vollständigkeit und Qualität der Informationen. Druckfehler und Falschinformationen können nicht vollständig ausgeschlossen werden. Es kann keine juristische Verantwortung sowie Haftung in irgendeiner Form für fehlerhafte Angaben vom Autor übernommen werden. Die bereitgestellten Analysen, Vorschläge, Ideen, Meinungen, Kommentare und Texte sind ausschließlich zur Information bestimmt und können ein individuelles Beratungsgespräch nicht ersetzen. Alle Informationen dieses Buches entsprechen dem Kenntnisstand zum Zeitpunkt des Verfassens dieses Buches. Eine Haftung für mittelbare und unmittelbare Folgen aus den Informationen dieses Buches ist somit ausgeschlossen.
Informieren Sie sich weitläufig aus unterschiedlichen Quellen und bedenken Sie, dass am Ende nur Sie für die Entscheidungen verantwortlich sind.

Haftung für externe Links:
Unser Angebot enthält Links zu externen Websites Dritter, auf deren Inhalte wir keinen Einfluss haben. Deshalb können wir für diese fremden Inhalte auch keine Gewähr übernehmen. Für die Inhalte der verlinkten Seiten ist stets der jeweilige Anbieter oder Betreiber der Seiten verantwortlich. Die verlinkten Seiten wurden zum Zeitpunkt der Verlinkung auf mögliche Rechtsverstöße überprüft. Rechtswidrige Inhalte waren zum Zeit-punkt der Verlinkung nicht erkennbar.